교과서에 살아 숨쉬는
우리겨레 문화유산

글 박경남

전남 고흥에서 태어나 서울예대 문예창작과를 졸업했으며, 〈한겨레21〉 독자편집위원 등 자유기고가로 활동했다. 현재 서울디지털창작집단 부대표를 맡고 있으며, 월간지 〈엄마는 생각쟁이〉에 칼럼을 기고하는 등 논픽션 작가로 다양한 글들을 선보이고 있다. 저서로는 《큰 인물로 키우려면 맘껏 뛰어 놀게 하라》, 《쿨하고 당당하게 지내는 남녀 사이, 친구 사이》, 《우리는 당당한 꼴찌다》(공저) 등이 있다.

교과서에 살아 숨쉬는
우리겨레 문화유산 2 부산·울산 대구·경상도

펴낸날 2009년 7월 15일 1판 1쇄 | 2013년 6월 4일 1판 5쇄
글쓴이 박경남 | **펴낸이** 강진균 | **펴낸곳** 삼성당
편집 주간 강유균 | **기획** 변지연
디자인 안태현 | **제작** 강현배
마케팅 변상섭 나윤미 | **온라인** 문주강
주소 서울시 강남구 논현동 101-14 삼성당빌딩 9층
대표 전화 (02)3443-2681 | **팩스** (02)3443-2683
홈페이지 www.ssdp.co.kr
출판등록 1968년 10월 1일 제2-187호
ISBN 978-89-14-01702-4 (74080)
        978-89-14-01708-6 (세트)

ⓒ 삼성당

· 이 책은 저작권법에 따라 보호받는 저작물이므로 무단전재와 무단복제를 금지하며,
  이 책 내용의 전부 또는 일부를 이용하려면 반드시 (주)삼성당의 서면 동의를 받아야 합니다.
· 파본은 바꾸어 드립니다.
· 사진 및 자료 출처 : 표성흠, 김상호, 삼성당 자료실, (주)지지커뮤니케이션, 연합포토, 엔사이버 포토박스

교과서에 살아 숨쉬는~

우리겨레 문화유산

글 박경남

2 부산·울산
대구·경상도

삼성당

우리겨레 역사의 숨결을 찾아서…

　문화유산 혹은 문화재라고 하면 어쩐지 멀게만 느껴지지 않나요? 오래된 것, 익숙하지 않은 것으로 생각하기 때문에 그럴지도 모릅니다. 하나같이 딱딱하게 굳어 있어 재미없는 것이라고 느끼기도 쉽고요. 게다가 어떤 문화재는 세월의 깊이만큼이나 녹슬어 있거나 그 형태가 온전하지 못하기 때문에 가까이 다가갈 수도 없습니다. 그래서 우리의 문화유산이나 문화재를 탐방하고 연구하는 것을 고리타분한 일이라고 생각하는 듯합니다.

　그럼 문화재와 가까워지려면 어떻게 해야 할까요?

　무조건 멀리 있는 유명한 문화재를 찾아가려고 하는 것보다 자기가 사는 동네의 문화재부터 살펴보는 것이 좋습니다. '우리 동네에는 어떤 문화재가 있을까?'라는 호기심을 가지고 인터넷이나 책을 찾아가며 공부한다면 훨씬 가깝게 다가갈 수 있을 것입니다. 굳이 공부라고 하기보다는 관심을 둔다는 표현이 더 어울릴 것 같군요. 그리고 그 문화재의 의미에 관심이 생겼다면 직접 가서 보아야 합니다.

　문화재를 옛것이라고만 생각하지 말고 상상을 해 보세요. 그 옛날 수많은 사람들과 함께 한 역사가 담겨 있거든요. 옛날 사람들은 어떻게 살았을까? 저 문화재는 옛날 사람들에게 어떤 의미가 있었을까? 상상의 나래를 펼쳐 보며 문화재와 대화를 나누어 보세요. 그러면 딱딱하게 굳어 있던 문화재에 어느덧 생기가 돌며, 어린이 여러분에게 말을 걸어올지도 모릅니다.

　우리 동네의 문화재를 다 돌아보고 그들의 숨결을 마음껏 느꼈다면, 가까운 다른 곳의 문화재에도 찾아가 보세요. 그렇게 한 곳 한 곳 다니다 보면 어느새 전국 방방곡곡에 펼쳐 있는 우리의 문화재를 모두 볼 수 있게 될 것입니다. 그리고 생생하게 살아 있는 역사가 가슴속을 따뜻하게 해줄 것입니다. 이미 여러분은 문화재를 통해 옛날 사람들과 소통했으니까요.

　자, 이제 역사 탐방을 떠나 볼까요?

지은이 **박경남**

차례

부산광역시
범어사 14

울산광역시
울주 천전리 각석 20
울산 대곡리 반구대 암각화 22

경상남도
거제시
기성관 26

김해시
수로왕릉 28

밀양시
표충사 31

사천시
다솔사 33

양산시
통도사 37
내원사 42

진주시
진주성 45

창원시
불곡사 석조비로자나불좌상 48

통영시
세병관 51

거창군
거창 상동 석조관음입상 54

의령군
보천사지 3층 석탑·부도 56

창녕군
창녕 신라 진흥왕 척경비 59
영산 만년교 62

하동군
쌍계사 65
악양정 69

함안군
함안 대산리 석불 71

함양군
함양 석조여래좌상 74

합천군
해인사 76

대구광역시
동화사 86
도동서원 91

경상북도
경산시
환성사 96
불굴사 99
관봉 석조여래좌상 103

경주시
문무대왕릉 106
불국사 109
석굴암 석굴 116
경주 첨성대 120
경주 석빙고 122
대릉원 125
분황사 석탑 129
안압지 133

구미시
선산 죽장동 5층 석탑 136
도리사 139

김천시
직지사 142

문경시
봉암사 146

상주시
남장사 150
상주 상오리 7층 석탑 154

안동시
도산서원 156

영주시
부석사 160
소수서원 167

영천시
은해사 171
영천 선원동 철불좌상 175

포항시
보경사 177
오어사 180

고령군
고령 양전동 암각화 183

군위군
군위 삼존석굴 185

봉화군
봉화 북지리 마애여래좌상 188

영덕군
장육사 190

영양군
봉감 모전 5층 석탑 193

예천군
용문사 195
개심사지 5층 석탑 199

울진군
불영사 201

의성군
의성 탑리 5층 석탑 205
고운사 208

청도군
운문사 213

청송군
대전사 217

칠곡군
송림사 221

오랜 역사와
함께한 영남

　경상도 지방은 예로부터 영남 지방이라 불렸습니다. 조령鳥嶺의 남쪽이라는 뜻에서 영남이라고 했는데, 영남 지방은 같은 역사와 생활권을 가지고 있습니다. 그것은 바로 천년의 역사를 가진 신라가 영남 지방을 바탕으로 이루어졌기 때문입니다. 천년이라는 오랜 세월 동안 신라의 문화권에 속하다 보니, 말씨에서 생활 습관까지 비슷한 것은 당연하겠지요. 현재에 이르러 영남 지방은 부산, 울산, 대구, 경상남도, 경상북도 이렇게 행정적으로 구분이 되었지만 같은 문화권에 속합니다. '경상'이라는 지명은 고려 때 영남 지방에 속해 있는 경주와 상주의 머리글자를 합쳐 부른 것입니다.

　우리나라 동남쪽 끝에 있는 경상남도는 동쪽으로 태백산맥이 뻗어 있고, 서쪽에는 비교적 험준한 소백산맥이 호남 지방과 경계를 이루고 있습니다. 중앙으로는 영남의 젖줄인 낙동강이 흐르고 있고요. 작은 섬이 많이 흩어져 있는 남해안을 중심으로 충무공 전승지가 분포되어 있으며, 찬란한 신라 문화를 대표하는 불교의 문화유산이 형성되어 있습니다.

　경상남도의 동쪽에 있는 부산광역시는 우리나라 최대의 항구 도시로, 예로부터 국제 무역의 중심지 역할을 했습니다. 또한 지리적으로 일본과 가깝기 때문에 왜적의 침입이 잦아 군사적으로 아주 중요한 곳이었지요. 경상남도 북동쪽으로는 울산광역시가 있습니다. 울산에는 암각화 등 선사 시대의 유적이 많은데, 이것은 울산이 고대 사회부터 사람이 살기 좋은 생활 터전이었음을 보여 줍니다. 임진왜란 때 의병이 일어나 왜군을 무찌르기도 했으며, 일제강점기에는 만세 운동을 벌였던 유서 깊은 곳이기도 하지요. 해방 이후 경제 개발 정책으로 거대한 공업 지구로 발전했답니다.

　경상북도는 소백산맥을 중심으로 명산이 많고, 낙동강 유역에는 넓은 평야 지대가 펼쳐져 있습니다. 예로부터 신라의 불교문화와 신비한 가야 문화, 그리고 선비 정신으로 대표되는 유교문화 등 민족 문화를 꽃피운 지역입니다. 그래서 사찰이 눈에 많이 띄며, 서원 등 조선 시대의 유교와 관련한 유적이 많습니다. 특히 신라의 수도였던 경주에는 신라 시대의 화려한 유적들을 한껏 구경할 수 있지요.

　대구광역시는 경상북도 남쪽에 위치해 있습니다. 대구에 있는 팔공산은 신라의 오악五岳 중 하나로 꼽혀 중요하게 여겼으며, 동화사라는 큰 사찰이 있지요. 조선 시대에는 성리학을 받아들이면서 교육 활동이 활발했던 곳이며, 일제강점기에는 항일 저항 운동의 근거지로서 국채 보상 운동과 3·1 만세 운동이 일어났던 역사적인 곳입니다.

　이렇듯 영남 지방에는 산과 계곡, 푸른 바다와 같은 빼어난 자연 말고도 수많은 문화유산이 숨쉬고 있답니다. 신라 시대의 문화를 비롯해 불교문화, 유교문화, 임진왜란 당시의 항쟁 유적까지 영남 지방의 문화유산은 오랜 역사를 말해 주는 산증인이랍니다.

신라 진흥왕 척경비

부산광역시

우리나라 최대의 항구 도시, 부산!
예로부터 다른 나라와 무역을 하는 데 중요한 역할을 해서
삼국 시대에서 조선 시대에 이르기까지 해상 교역의 중심지였지요.
벌써 바다의 향이 물씬 느껴지지 않나요?

범어사

[초등 사회 4-2]

주소 부산광역시 금정구 청룡동 546
홈페이지 http://www.beomeosa.co.kr
주요 문화재 3층 석탑, 대웅전, 조계문, 당간 지주 등

금정산은 부산의 명산으로 멀리 바다가 보이고 나무와 물이 많은 곳입니다. 부산이 일본과 가깝다 보니 옛날부터 왜적의 침입이 잦아 신라 시대에는 금정산에 금정산성을 쌓았습니다. 또한 왜적을 막기 위해 범어사를 세워 부처님의 힘으로 나라를 지키고자 했지요. 이러한 절을 '호국 사찰', 또는 '비보 사찰'이라고 하는데, 범어사는 우리나라의 대표적인 비보 사찰 중 하나입니다. 범어사가 비보 사찰로서 더욱 명성을 떨치게 된 것은 임진왜란

때였습니다. 당시 서산 대사를 중심으로 범어사 승려들이 왜적의 침입에 맞서 싸웠지요.

　범어사는 신라 문무왕 때 의상 대사가 금정산 자락에 창건한 절로 해인사, 통도사와 더불어 경남 지방의 3대 사찰로 알려져 있습니다. 불교 역사상 내로라하는 승려들이 이 절을 거쳤을 만큼 전통이 깊은 곳이지요. 오랜 전통을 다져 온 만큼 규모도 엄청났지만, 임진왜란으로 인해 그 많던 전각들이 다 불타 버렸습니다. 무엇보다 왜적으로부터 나라를 지키기 위해 세웠던 절이 왜적에게 소실되었으니 그 참담함은 이루 다 헤아릴 수 없었겠지요. 범어사는 광해군 때에야 지금의 모습을 갖추게 되었습니다.

　오랜 역사와 전통으로 이루어진 범어사에 있는 소중한 문화재들을 살펴볼까요?

　범어사 조계문은 사찰에 들어서는 첫 번째 일주문으로 보물

범어사 해인사, 통도사와 더불어 경남 지방의 3대 사찰로 신라 문무왕 때 의상 대사가 창건했다.

범어사 대웅전 대웅전 안쪽에 불단과 그 위에 만들어 단 지붕 모형의 섬세한 조각이 돋보이며, 보물 434호로 지정되었다.

1461호로 지정되었습니다. 높은 주춧돌 위에 나무 기둥을 세운 것이 특징이며, 단청이 곱게 칠해져 있는 문입니다. 일반적인 일주문은 기둥 두 개에 한 칸짜리인데, 조계문은 네 개의 기둥이 늘어선 세 칸 규모의 커다란 일주문입니다. 게다가 '금정산 범어사', '선찰대본산', '조계문'으로 편액이 세 개나 걸려 있어서 범어사가 얼마나 큰 가람(승려들이 살면서 불도를 닦는 사찰)인지를 알 수 있지요.

범어사 대웅전은 보물 434호로 지정될 만큼 지붕이며 처마 그리고 내부의 장식까지 섬세하고 화려합니다. 특히 불상을 모셔 놓은 불단 위에 만들어 단 지붕 모형에는 용과 봉황이 정교하게 조각되어 있지요. 이 조각들은 조선 시대 목조 공예의 뛰어남을 여실히 보여 줍니다.

범어사 3층 석탑 역시 보물 250호로 지정되어 있습니다. 신라 문무왕 때 범어사 창건 당시의 유물로, 조선 선조 때 세워진 대웅전보다 더 오랜 역사를 가지고 있습니다. 흔히 볼 수 있는 탑처럼 밑에서부터 바로 올린 3층 석탑이 아니라 탑을 받치는 기단을 2층으로 쌓고 그 위에 3층 석탑을 올린 모양입니다. 다만 안타까운 것은 일제강점기 당시 기단 아랫부분에 돌을 하나 넣어서 원래의 모습을 훼손한 것입니다.

범어사에는 이 밖에도 당간을 받치는 기둥인 당간 지주와 통일신라 시대의 양식으로 만들어진 석등 등 가치 높은 문화재들이 많습니다.

범어사 3층 석탑 신라 문무왕 때 범어사 창건 당시의 유물로, 2층 기단 위에 쌓아 올린 3층 석탑이다.

현재 범어사는 경치가 뛰어나 부산 시민의 안식처가 되고 있답니다. 종루 사이에 난 오솔길이나 대웅전에서 금정산 등산로로 이어진 돌담길은 운치가 넘치지요. 특히 금정산과 어우러져 범어삼기, 금정팔경이라 불리는 세 가지 기이한 것과 여덟 가지 아름다운 경치로 유명합니다.

금정산 곳곳에 11개의 암자를 가지고 있는 범어사는 그 규모가 매우 큰 절이면서도 역사가 오래된 옛 절다운 아늑함을 간직한 곳입니다.

왜 절 이름이 '범어사'일까요?

부산은 지리적으로 일본과 가깝기 때문에 왜구의 침입이 많았던 곳입니다. 신라 시대에도 수시로 침입하는 왜구 때문에 왕들은 골머리를 앓았답니다. 오죽하면 문무대왕은 죽어서도 왜구으로부터 나라를 지키겠다며 바다에 자신의 유골을 뿌리라고 했을까요. 어느 날 왜구의 침입으로 고민하던 신라 대왕의 꿈에 신이 나타나 이르기를 동쪽 해변에 있는 산에 황금빛의 샘이 있다고 가르쳐 주며 의상 대사를 모시고 그곳에 가서 정성을 드리면 부처의 힘으로 나라를 지킬 수 있다고 했습니다. 꿈에서 깨어난 왕은 당장 의상 대사를 불러 꿈속에서 가르쳐 준 곳으로 갔습니다. 그곳에는 정말 금빛 샘이 있었습니다. 금빛 샘은 사계절 내내 마르지 않았고 샘 안에서는 금빛 물고기가 놀고 있었습니다. 왕은 신이 이른 대로 열심히 불경을 외우며 기도를 했습니다. 그랬더니 여러 부처님이 왜구들을 다 물리쳐 주는 것이었어요. 이에 감동한 왕은 의상 대사를 시켜 그곳에 절을 세우게 했습니다. 금빛 샘[金井]이 있는 산이라고 해서 금정산이 되었고, 샘에서 노니는 금빛 물고기는 하늘나라의 물고기[梵漁]라는 뜻에서 범어사라는 절 이름을 붙였답니다. 왜구을 물리치기 위해 지은 절인 만큼 범어사에는 남다른 애국정신이 깃들어 있었나 봅니다. 그 정신을 이어받아 임진왜란 당시 범어사의 승려들이 앞장서서 왜군과 맹렬하게 싸웠던 것이겠지요.

나는야~ 금정산의 금빛 물고기!

울산광역시

공업 도시인 울산에는 선사 시대의 유적을 비롯해 신라 시대의 불교문화, 왜적을 방어한 성터 등 많은 문화유산이 있어요. 게다가 수려한 자연 경관에 천연기념물로 지정된 상록수림과 쇠고래까지! 문화재를 보면서 편안하게 쉴 수도 있지요.

울주 천전리 각석

[초등 사회 6-1]

주소 울산광역시 울주군 두동면 천전리 산 210

시대를 뛰어넘어 서로 다른 시대의 그림이 같은 공간에 그려져 있는 모습을 상상할 수 있나요? 직접 눈으로 확인하고 싶다면 울주 천전리의 각석을 보러 가 봐요.

울주 천전리 각석은 큰 바위 면에 그림과 글씨가 새겨진 것입니다. 이 각석은 15도 정도 앞으로 비스듬하게 서 있어서 바람을 직접 맞지 않았기 때문에 비교적 잘 보존되었지요.

화폭처럼 매끈하게 깎아 놓은 바위 면에 그려진 그림은 위아래로 시대를 달리하고 있습니다. 윗부분의 그림은 신석기 시대에서 청동기 시대에 걸쳐 새겨진 것이고, 아랫부분의 그림과 글씨는 신라 시대에 새긴 것입니다. 윗부분에는 마름모, 겹 동그라미, 물결 모양의 기하학적인 무늬와 사람과 사슴·호랑이·물고기 등의 동물 그림이 조각되어 있습니다. 아랫부분에는 신라 시대의 생활 모습을 나타낸 그림과 화랑의 이름과

울주 천전리 각석 바위 면에 새겨진 암각화로, 윗부분은 선사 시대, 아랫부분은 신라 시대에 새겨진 그림이다. 위의 겹동그라미는 태양을 상징하는 무늬이다.

직위 등의 글씨가 새겨져 있습니다.

이 각석을 보면 예나 지금이나 자신들의 기록을 남기고자 하는 사람의 마음은 같다는 것을 느낄 수 있지요. 다른 시대의 두 만남으로 선사 시대와 신라 시대의 역사를 한눈에 볼 수 있는 유적입니다.

이곳은 조금 외진 곳에 있어 사람들의 발길이 뜸하고 가까운 곳에 있는 반구대 암각화에 비해 많이 알려지지 않았지만, 국보 147호로 지정된 소중한 문화유산이지요.

천전리 각석 주변에는 또 다른 볼거리가 있답니다. 먼저 계곡물이 흐르는 경치가 매우 아름답습니다. 그리고 무엇보다 공룡 발자국 화석 지대가 있어 바위에 찍힌 공룡 발자국들을 생생하게 구경할 수 있습니다.

울주 천전리 각석의 윗부분 선사 시대에 새겨진 부분이다. 기하학적인 무늬, 동물, 사람 등이 단순하게 조각되어 있다.

울산 대곡리 반구대 암각화

[초등 사회 6-1]
주소 울산광역시 울주군 언양읍 대곡리 산 234-1

천전리에서 멀지 않는 곳에 또 하나의 선사 시대 암각화가 있답니다. 바로 대곡리 반구대에 있는 암각화입니다. 거북 한 마리가 넙죽 엎드린 형상을 하고 있어서 반구대라는 이름이 붙여진 이곳은 산세와 계곡, 기암괴석이 어우러져 그 경치가 뛰어납니다.

울산 대곡리 반구대 암각화는 수직 암벽 밑쪽의 평평한 면에 200여 점의 그림이 새겨져 있는 암각화입니다. 도구를 이용해 바위를 쪼아서 새긴 것으로, 조각 대상의 내부를 파낸 면 쪼으기 기법과 대상의 윤곽만을 쪼아 나타낸 선 쪼으기 기법이 사용되었습니다. 이와 같은 단순한 기법으로 보아 신석기에서 청동기 시대의 작품으로 보고 있습니다. 사람과 육지 동물, 바다 동물, 사냥이나 고기잡이 도구 등 75종이나 되는 그림은 당시 생활상을 생생하게 표현하고 있답니다.

울산 대곡리 반구대 암각화 암벽에 육지·바다 동물, 사냥하는 모습 등 총 75종 200여 점의 그림이 새겨져 있는 암각화이다.

탁본을 토대로 반구대 암각화의 윤곽을 재구성한 그림

    특히 암각화에는 고래나 고래잡이를 연상하게 하는 그림이 있는데, 아주 오랜 옛날부터 울산에는 고래가 많았고 고래잡이로 유명했다는 것을 알 수 있지요. 이로써 반구대 암각화는 인류의 고래잡이 역사를 최초로 증명하는 유적으로 평가받고 있으며, 국보 285호로 지정된 귀중한 역사 자료입니다.

    하지만 안타까운 것은 이 암각화가 있는 곳에 사연댐이 건설되어 물속에 잠겨 있는 날이 많다는 것입니다. 물이 빠진 상태에서도 암각화 앞으로 물이 흐르고 있기 때문에 가까이에서 볼 수 없다는 점이 아쉬울 따름입니다. 무엇보다 암각화가 물에 잠겼다 드러났다를 반복해서 훼손이 심각하다고 해요. 세계적으로 인정받은 문화유산인 만큼 빠른 보존 대책이 필요하겠지요?

선사 시대 사람들이 새긴 바위그림

종이가 없었던 선사 시대에는 바위나 동굴 벽에 사실적인 그림이나 상징적인 도형 등을 새겼답니다. 단단한 바위 면에 도구를 이용해 쪼거나 갈고 파는 방법으로 그림을 새겼지요. 구석기 시대부터 바위그림을 그린 것으로 알려져 있는데, 청동기 시대에 가장 많이 그렸다고 해요.

바위그림 속에는 선사 시대 사람들의 생활 모습이 담겨 있습니다. 특히 풍요로운 생산을 기원하는 주술적인 내용이 많습니다. 당시에는 기원하는 것을 그림에 새기면 이루어질 것이라는 종교적인 믿음이 있었지요.

이처럼 바위그림은 기록이 적은 선사 시대의 생활을 엿볼 수 있는 중요한 유적입니다. 우리나라에서 국보로 지정된 천전리 각석, 반구대 암각화 말고도 고령 양전동, 영일 칠포리, 경주 석장동 금장대, 남원 봉황대 등 16곳에서 바위그림이 발견되었습니다.

경상남도

한반도 동남쪽 끝에 자리 잡은 경상남도는
일본과 가까워 왜적의 침입이 잦았어요. 그래서 왜적으로부터
우리 땅을 지키고자 했던 민족정신이 담긴 문화유산이 가득하답니다.
역사의 터전 속으로 들어가 볼까요?

기성관

[초등 사회 4-2]

주소 경상남도 거제시 거제면 동상리 546

    내가 살고 있는 지역의 대표적인 문화재가 무엇인지 알고 있나요? 지역마다 그 지역을 대표하는 문화재가 있게 마련인데, 거제를 대표하는 문화재는 바로 기성관입니다. 거제면 주민센터 옆에 위치해 있어서 어렵지 않게 기성관을 찾을 수 있지요.

    영남 지방의 4대 누각 중 하나인 기성관은 거제시에서 현존하는 건물 중 세워진 연대가 가장 오래된 건물입니다. 거제가 일본과 가깝게 위치해 있어서 왜적의 침입을 막기 위해 세종 때 거제현에 일곱 개의 진을 두고, 7진을 관할하기 위해 군사 시설로 세워진 건물이지요. 그런데 임진왜란 당시 고현성이 함락되면서 기성관은 거제현의 관아와 함께 거제면으로 옮겨졌는데, 그때부터 군사 시설이 아닌, 거제를 방문한 관원들을 접대하는 객사로 쓰게 되었습니다.

기성관 원래 왜적의 침입을 막기 위해 세운 군사 시설이었지만, 임진왜란 때 거제를 방문한 관원들을 접대하는 객사가 되었다.

기성관 내부 사면이 벽 없이 기둥만 있는 누각 형태로, 바닥은 우물마루가 깔려 있고 천장은 단청이 되어 있다.

일제강점기 때는 거제 보통학교로 사용되기도 했습니다. 그리고 세월이 흘러 심하게 낡아 1976년에 건물의 모든 부분을 해체하고 복원해 오늘에 이릅니다.

기성관은 정면 아홉 칸, 측면 세 칸으로 구성된 건물로, 사면이 모두 뚫려 있고 벽 없이 기둥만 있는 누각 형태입니다. 바닥에는 우물 정#자 모양으로 짠 우물마루가 깔려 있고, 천장의 단청은 오래되어 빛이 바랬지만 화려하고 웅대한 느낌은 그대로 살아 있습니다. 무엇보다 치밀한 계산으로 연결되는 목재들이 짜임새 있게 배치되어 멋을 한껏 살린 건물이지요.

기성관을 중심으로 거제 향교와 송덕비들을 모아 놓아 조선 시대 거제의 생활상을 엿볼 수 있답니다. 기성관 주변으로 고목들이 함께 어우러져 예스러운 맛을 느끼게 해주지요.

영남 지방 4대 누각은 진주 촉석루, 밀양 영남루, 통영 세병관, 그리고 거제 기성관이라는 것을 기억해 두세요!

수로왕릉

[초등 사회과 탐구 6-1]
주소 경상남도 김해시 서상동 312

김해 김씨의 시조이며 금관가야의 초대 왕인 김수로왕! 황금 알에서 태어났다는 설화를 가지고 있는 수로왕은 158세까지 살았다고 전해집니다. 지금으로부터 2000여 년 전 수로왕이 세운 금관가야는 6가야의 우두머리 역할을 했으며, 제련 기술이 뛰어난 철의 왕국이었지요.

수로왕릉은 신라 문무왕 때 정비를 한 기록이 있습니다. 신라의 문무왕은 왜 가야의 왕릉을 정비했을까요? 그것은 문무왕과 수로왕의 관계를 보면 이해할 수 있답니다. 문무왕의 아버지는 무열왕인 김춘추이고, 어머니는 김유신의 여동생 김문희입니다. 김유신 김문희 남매는 다름 아닌 가야의 마지막 왕인 구형왕의

수로왕릉 김해 김씨의 시조이자 금관가야를 세운 김수로왕의 무덤이다.

증손자입니다. 그러니까 문무왕의 외가가 가야 왕족의 후손인 셈이지요.

수로왕릉은 고려 때까지만 해도 보존이 잘된 편이었는데, 조선에 이르러 황폐해졌다고 해요. 지금의 모습을 갖추게 된 것은 선조때 김해 허씨의 후손인 허엽이 보수 작업을 한 것이지요.

무덤 풍습을 보면 수로왕의 권위가 얼마나 대단했는지를 알 수 있습니다. 왕이 죽으면 왕의 수하들을 함께 묻는 순장 풍습이 그것입니다. 지금으로서는 상상하기 힘든 잔인한 일이지만 먼 옛날에는 힘을 과시하는 풍습이었지요.

수로왕릉 홍살문

수목이 울창한 곳에 자리 잡은 수로왕릉은 신라의 왕릉에서 볼 수 있는 흙으로 된 원형 봉분으로 이루어져 있습니다. 이것은 문무왕 때 신라 왕릉 형식으로 조성된 것이라 추측할 수 있답니다. 능 앞에는 '가락국 수로왕릉'이라고 새긴 능비가 있고 왕릉 입구에 홍살문과 가락루가 서 있습니다. 왕릉 구역 안에는 신위를 모시는 숭선전과 안향각, 전사청, 제기고 등의 건물이 있고, 신도비와 공적비 등이 있습니다. 이 건물들과 석조물들은 대부분 조선 시대에 설치된 것입니다. 그래서 가야에서는 찾아볼 수 없는 유교식 풍습인 춘추제례가 매년 이곳 수로왕릉에서 행해지고 있는가 봅니다.

수로왕릉 가까이에는 수로왕비릉이 있는데, 수로왕이 태어났다는 구지봉 아래쪽에 자리하고 있습니다.

수로왕의 신화, '가야의 왕을 내놓아라'

아주 오랜 옛날, 낙동강 하류 김해 일대에는 아홉 명의 부족장이 다스리는 가야라는 나라가 있었습니다. 그런데 가야에는 부족장은 있어도 왕이 없었습니다. 그래서 9부족은 김해에 있는 성스러운 땅인 구지봉에 올라 제사를 지내게 되었습니다. 그들은 왕을 보내 달라는 기원을 담아 노래로 불렀답니다. "거북아, 거북아, 머리를 내밀어라. 내밀지 않으면 구워서 먹을 테다." 이것이 바로 '구지가' 입니다. 마침내 하늘에서 여섯 개의 황금알이 담긴 금빛 상자가 내려왔습니다. 며칠 후에 그 알에서 남자아이가 차례로 태어났는데, 그중 첫째가 바로 김수로왕입니다. 나머지 다섯 명도 왕이 되었는데, 이들이 6가야의 시조들입니다. '수로왕首露王'이란 '머리를 내놓았다' 라는 뜻입니다.

참! 수로왕의 왕비는 인도 왕국의 공주 허황옥인데, 배를 타고 가야에 오게 되었습니다. 수로왕은 둘째 왕자에게 왕비의 성을 따서 허씨를 붙여 주었습니다. 그래서 김해 김씨와 김해 허씨는 결혼을 못 하게 했답니다.

밀양시

표충사

[초등 사회 6-1]

주소 경상남도 밀양시 단장면 구천리 23
홈페이지 http://www.pyochungsa.or.kr
주요 문화재 석가여래 진신사리, 3층 석탑, 청동함은향완 등

    경치가 좋아 영남의 알프스로 불리는 재약산 기슭에 자리한 표충사! 사찰로 들어가는 입구에는 소나무가 우거져 있고, 절 뒤로는 대나무가 병풍처럼 빼곡하게 나 있답니다.

    표충사는 아주 오랜 역사를 가진 곳입니다. 654년(신라 진덕여왕 8)에 원효 대사가 재약산 정상에서 오색구름이 머무는 것을 보고 그곳에 절터를 잡고 창건한 절입니다. 처음에는 절 뒤의 대나무 숲 때문에 죽림사라고 이름을 붙였습니다. 죽림사는 이후 인도의 황면 대사가 석가여래 진신사리(부처의 유골)를 3층 석탑에 모시고 절 이름을 영정사라 칭했다고 합니다.

    지금의 표충사라는 이름을 가지게 된 것은 사명 대사와도 관

표충사 3층 석탑 기단이 단층으로 되어 있지만 1층 몸돌이 높아서 원래 키보다 커 보인다.

사명 대사(1544~1610)

련이 있지요. 사명 대사의 고향인 밀양 무안군에 사명 대사를 기리는 표충사라는 사당이 있었는데, 사당을 이곳으로 옮기면서 표충사라는 이름으로 바뀌게 되었습니다.

사당이 있던 자리에는 표충비만 남아 있습니다. 표충비는 임진왜란 때 승려들로 조직된 군대를 이끌고 왜적을 크게 물리친 사명 대사의 공적을 기리는 내용의 비입니다. 나라에 큰일이 생기면 땀을 흘린다는 표충비가 화제가 된 적이 있었지요? 과학적으로 표면에 이슬이 맺히는 결로 현상이라고 밝혀졌지만, 옛날 사람들은 나라를 걱정하는 사명 대사의 신기한 능력 때문이라고 믿었답니다.

청동함은향완은 표충사에 있는 국보 75호로, 지금까지 남아 있는 고려 향로 중에서 최고로 평가받고 있습니다. 동으로 만든 향로에 무늬를 새기고 은실을 박아서 장식한 기술이 돋보이는 향로입니다.

표충사 3층 석탑은 통일신라 시대에 세워진 것으로 알려져 있는데, 석탑을 받치는 기단이 단층으로 되어 있습니다. 대신 1층 몸돌의 높이가 상대적으로 높아 실제 탑의 키보다 커 보이는 효과가 있지요. 탑 꼭대기에는 쇠막대기가 뾰족하게 솟아 있습니다.

널찍한 경내를 둘러싸고 있는 수려한 산세가 한눈에 보여 표충사에 오면 가슴이 탁 트일 거예요. 특히 표충사 누각인 우화루에서 시원한 바람을 맞으며 휴식을 취하거나 명상에 잠겨 보는 것도 좋지요. 꼭 한번 들러 마음을 비워 보는 건 어떨까요?

다솔사

[중등 국사]

주소 경상남도 사천시 곤명면 용산리 산 86
주요 문화재 대양루, 적멸보궁, 보안암 석굴

　　이름만 들어도 향긋한 소나무 향이 은은하게 퍼질 것만 같은 절 다솔사는 그다지 높지 않은 봉명산에 있습니다. 신라 지증왕 때 영악사라는 이름으로 창건되어 다솔사, 영봉사라는 이름을 거쳐 도선 국사가 고쳐 지으면서 다시 지금의 다솔사라는 이름을 가지게 되었지요. 이름이 바뀔 때마다 절을 여러 차례 보수했습니다.

　　주변에 소나무가 많아서 다솔사라는 이름이 붙여졌다고 생각하기 쉬워요. 하지만 절 뒤의 봉명산이 대장군처럼 버티고 있다고 해서 많이 거느린다는 뜻으로 다솔사多率寺라 했다고 전해집니다.

　　다솔사는 울창한 나무숲으로 둘러싸인 입구와 크고 작은 돌들로 이루어진 108 계단을 지나 경내에 이르게 됩니다. 불교에서 108이라는 숫자는 인간이 느끼는 108가지 번뇌를 말합니다.

　　적멸보궁은 부처의 진신사리를 모셔 둔 곳으로, 안에는 누워 있는 부처의 부조상이 있습니다. 적멸보궁의 옛 건물인 대웅전에서 108개의 사리가 나와 그것을 사리탑으로 만들었지요. 그리고 적멸보궁에 유리창을 만들어 그 너머로 사리탑이 보이도록 해놓았습니다. 합장하고 사리탑을 세 번 돌면 소원이 이루어진다는 말도 있답니다.

　　다솔사 대양루는 2층 누각으로 다솔사에서 가장 오래된 건물이자 다솔사를 대표하는 건물입니다. 다솔사의 많은 전각이 임진왜란 당시 불에 타 영조 때 다시 지어졌는데, 지금의 대양루 역시 영조 때 지어진 것이지요. 36개의 아름드리나무로 된 큰 기둥이 전체 누각을 받치고 있습니다. 1층은 창고 역할을 하고, 2층은 승려들의 수도장이나 신도들의 집회 장소로 쓰이고 있습니다.

다솔사 보안암 석굴은 고려 시대에 만들어진 석굴이라고 전해집니다. 석굴암과 비슷한 양식이며, 석굴 안에는 석조여래좌상이 모셔져 있습니다.

다솔사는 일제강점기 때 시인이자 민족대표 33인 중 한 분인 한용운 선생님이 수도하던 곳이며, 소설가 김동리 선생님이 《등신불》이라는 소설을 쓴 곳으로 유명하지요.

다솔사는 그리 큰 절은 아니지만 뒷산에 차나무 밭이 있고, 갖가지 나무와 꽃이 어우러져 자연 학습장으로도 그만입니다. 자연을 느끼며 문화재도 구경하고, 문학의 향기도 맡을 수 있는 멋진 곳이랍니다.

다솔사 부도 부도란 승려의 사리나 유골을 넣어 둔 탑을 말한다.

톡톡! 생각 주머니

'적멸보궁' 이란 무슨 뜻일까요?

적멸보궁이란 부처의 진신사리를 모신 전각입니다. 깨달음을 얻어 모든 고뇌가 없어지는 것을 열반에 이른다고 하는데, 열반을 '적멸' 이라고도 합니다. 즉 적멸보궁이라는 말은 그 깨달음의 성인인 부처의 뼈에서 나온 사리를 모시는 보배로운 궁전이란 뜻이랍니다.

적멸보궁에는 보통 불상을 모시지 않는다고 합니다. 불상보다 더 귀중한 부처의 진신사리가 있기 때문이지요. 그런데 적멸보궁이 있는 다솔사에 왜 부처상이 있는 걸까요? 그 상은 부처상이라 할 수 없답니다. 왜냐하면 열반 직전, 즉 아직 부처가 되지 않은 모습을 새긴 부처상이기 때문이지요.

우리나라에는 신라의 승려 자장이 당나라에서 돌아올 때 가져온 부처의 사리와 머리 유골을 나누어 모신 5대 적멸보궁이 있답니다. 5대 적멸보궁은 양산 통도사, 오대산 상원사, 설악산 봉정암, 태백산 정암사, 사자산 법흥사입니다.

불상 없는 절이 어디 있어?

적멸보궁에는 불상이 필요 없다!

통도사

[중등 국사]

주소 경상남도 양산시 하북면 지산리 583
홈페이지 http://www.tongdosa.or.kr
주요 문화재 대웅전, 금강계단, 관음전, 극락전, 대광명전 등

경상도 지역에는 큰 절이 많은데요, 그중 대표적인 통도사도 어마어마하게 큰 절이지요. 절의 입구인 일주문까지 가는 숲길은 소나무로 가득합니다. 솔향에 취해 걷다 보면, 길 옆으로 많은 바위들을 보게 되는데 바위마다 이름들이 새겨져 있습니다. 통도사가 워낙 크고 유명한 절이다 보니 이름을 새겨서 소원을 빌고 싶었던 모양입니다.

일주문에는 흥선대원군이 썼다는 '영취산 통도사'라는 현판이 걸려 있습니다. 일주문 기둥에는 서예가 김규진이 쓴 '불지종

통도사 대웅전 지붕이 앞면을 향해 정T자형을 이루는 특이한 구조이다.

통도사 일주문 흥선 대원군이 현판의 '영취산 통도사'라는 글씨를 직접 썼다.

가', '국지대찰'이란 글씨가 보이는데, 각각 '부처님 집안의 종갓집, 나라의 큰 절'이라는 뜻입니다. 통도사가 얼마나 대단한지 단적으로 표현한 글이지요.

해인사, 송광사와 더불어 우리나라 3대 사찰에 속하는 통도사는 646년(신라 선덕여왕 15년), 자장 율사가 창건했습니다. 자장 율사는 당나라에서 부처의 진신사리를 가지고 신라로 돌아와 양산 영취산(또는 영축산) 기슭에 절을 지었습니다. '통도사'라는 절의 이름은 영취산이 부처가 설법하던 인도 영취산과 통한다는 의미와 승려가 되려면 깨달음을 통과해야 한다는 의미로 붙여졌다고 합니다. 특히 통도사는 우리나라 3대 사찰 중에서도 으뜸으로 알려져 있는데, 그것은 부처와 같게 생각하는 진신사리가 있기 때문입니다.

통도사는 워낙 큰 절이라 부도밭도 거대하고 독특한 부도도 많습니다. 원래는 절 주변에 흩어져 있던 부도들을 한곳에 모아 부도밭을 만들어 놓았답니다. 17세기부터 현재까지의 통도사 대표 스님들의 유골을 모신 부도들이지요.

통도사의 전각들은 빼곡하지만 건물 배치와 조경이 잘 이루어져 답답하게 느껴지지 않습니다. 빛바랜 전각들은 예스러운 맛과 오래된 세월의 흐름을 느끼게 해줍니다.

절의 배치는 상로전, 중로전, 하로전으로 나누어져 있습니다. 상로전에는 대웅전·보광전·응진전·삼성각·산신각·금강계

단 등이 있습니다. 중로전에는 대광명전·용화전·관음전 등이 있고, 하로전에는 영산전·극락전·약사전 등이 있습니다. 부처의 진신사리를 봉안한 금강계단과 대웅전이 있는 상로전은 통도사의 중심부라고 할 수 있습니다.

통도사 대웅전은 국보 290호로 지정되어 있는데, 통도사의 중심 불전입니다. 부처의 진신사리를 봉안한 금강계단과 붙어 있어서 이곳에는 따로 불상이 없습니다. 지붕이 앞면을 향해 정T자형을 이룬 특이한 구조라서, 정면에서 지붕의 옆면까지 볼 수 있습니다.

금강계단은 대웅전과 함께 국보로 지정되어 있습니다. 부처의 진신사리를 봉안해 놓은 곳으로 한국 불교의 성지 역할을 하고 있지요. 계단은 계戒(죄를 금하고 제약하는 것으로, 승려로서 갖춰야 할 덕목을 말하기도 함)를 수여하는 의식이 행해지는 장소를 말합니다. 승려가 되려면 금강계단에서 계를 받아야 정식 승려로 인정받게 됩니다. 금강처럼 단단하고 보배로운 규범이라는 뜻을 가지고 있는 금강계단은 석종에 사리를 보관하고 있습니다. 주변에 돌문

통도사 관음전 조선 영조 때 세워진 중로전의 법당이다. 건물 앞에 관음전보다 먼저 만들어진 석등이 있다.

통도사 극락전 하로전에 있는 건물로, 벽마다 불화와 산수화가 그려져 있다.

금강계단 부처님의 진신사리를 보관하고 있는 곳으로, 주변에 돌문을 달고 돌담장을 둘러 사리를 보호하고 있다.

을 달고 돌담장을 둘러 부처님의 사리를 보호하고 있지요.

통도사에는 이 밖에도 금동천문도, 청동은입사봉황문향완, 은입사동제향로, 영산회상탱, 화엄탱, 대광명전 삼신불도 등의 수많은 보물 문화재들이 있습니다.

은입사동제향로 보물 334호로, 몸 전체에 금실과 은실로 연꽃무늬, 덩굴무늬, 구름무늬 등을 새긴 향로이다.

톡톡! 생각 주머니

우리나라의 삼보 사찰

삼보 사찰이라는 말은 세 가지 보물이 있는 절을 의미합니다. 우리나라에서 삼보 사찰에 속하는 절은 통도사와 합천의 해인사, 순천의 송광사입니다. 이들은 우리나라의 대표적인 3대 사찰로도 꼽히지요.

그럼 삼보란 무엇일까요? 불교에서 귀하게 여기는 세 가지 보물로, 불佛·법法·승僧을 말합니다. 불이란 석가모니 부처를 가리키는 말로, 부처의 진신사리를 의미합니다. 그래서 통도사는 진신사리를 모시고 있는 절이라 해서 불보 사찰이라고 하지요. 법이란 불교에서는 '진리'를 의미하는데, 바로 부처의 말씀을 기록한 불경입니다. 해인사는 고려 대장경(팔만대장경)을 소장하고 있어서 법보 사찰이라고 합니다. 그리고 마지막으로 승이란 부처의 제자인 스님을 의미합니다. 송광사는 16명의 국사國師(국가의 스님)를 배출한 곳이어서 승보 사찰이라고 합니다.

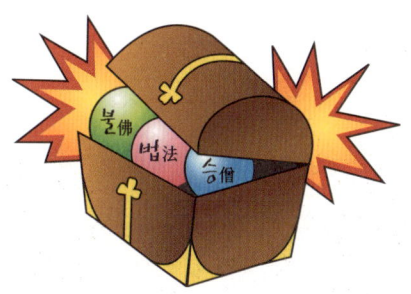

# 내원사

[초등 사회 6-1]

주소 경상남도 양산시 하북면 용연리 291
홈페이지 http://www.naewon.or.kr
주요 문화재 석조보살좌상, 아미타삼존탱 등

도롱뇽을 본 적 있나요? 천성산에는 우리나라의 토종 도롱뇽이 살고 있습니다. 도롱뇽은 환경 변화에 민감해 1급수의 깨끗한 물에서만 살지요. 그만큼 자연환경이 좋은 천성산은 희귀한 꽃과 식물, 곤충 들의 생태가 잘 보존되어 있는 화엄늪과 밀밭늪이 있어 생태학적 가치가 매우 높은 곳입니다. 게다가 경치가 좋아 제2의 금강산이라고 불릴 정도지요. 내원사는 공기 좋고 물 맑은 천성산의 풍경 속에 어우러져 있답니다.

내원사 원효 대사가 신통력을 발휘해 구해 준 1000명의 당나라 승려들을 위해 89채의 암자를 지었는데, 그 암자들 중 하나가 내원사가 되었다고 전해진다.

　천성산과 내원사는 원효 대사와 떼려야 뗄 수 없는 관계랍니다. 천성산의 이름도 원효 대사로부터 비롯되었고, 내원사를 창건한 이가 원효 대사이기 때문입니다. 산사태가 나서 위험에 처할 뻔한 당나라 승려들을 원효 대사가 신통력을 발휘해 구해 주었다고 합니다. 그때 목숨을 구한 1000명의 승려들이 원효 대사의 공덕에 보답하기 위해 신라로 오게 되었지요. 원효 대사는 그들을 위해 천성산에 89채의 암자를 지었는데, 암자 중 하나가 내원사가 되었습니다.

　조선 중엽에 거의 폐허가 되었다가 인조, 헌종, 고종 때 다시 고쳐 지었지만, 한국 전쟁 당시 모두 불타 버렸습니다. 1958년 비구니 수옥 스님이 다시 세운 것이 지금껏 이어져 오고 있습니다. 이곳은 현재 비구니 스님들이 참선 수행을 하는 절입니다. 내원사에는 여러 차례의 화재로 남아 있는 문화재는 거의 없습니다. 그나마 남아 있는 것은 석조보살좌상과 조선 후기의 작품인 아미타삼존탱과 금고 정도입니다. 내원사 금고는 통도사 성보박물관에 보관되어 있는데, 고려 시대에 만들어진 징 모양의 불교 음악 도구입니다.

　내원사는 비구니 스님들이 생활하고 있어서 그런지 깔끔하고 아담한 절입니다. 구석구석 정갈해 소박한 느낌을 주지요. 누구라도 차를 마실 수 있도록 준비를 해놓았으니 조용히 천성산의 맑은 기운을 들이마시며 차 맛을 음미해 보는 것도 좋겠지요?

조용해서 수행하기 딱이지만, 잠자기도 딱이네요. 하암~

원효 대사를 찾아온 1000명의 승려

　스님의 법력이 높아지면 앉아서도 천리를 볼 수 있는 능력을 가지는 모양입니다. 바로 신라의 원효 대사가 그런 능력을 가지고 있었답니다. 하루는 원효 대사가 중국 당나라를 살피는데, 오랜 장마로 중국에 있는 태화사 뒷산이 곧 무너질 지경이었습니다. 절 안에는 수많은 승려들이 있었는데, 신라에 있는 원효 대사로선 당장 가서 구할 입장이 아니었습니다. 그래서 원효 대사가 신통력을 발휘해 '해동원효'라고 쓴 판자를 태화사로 날려 보냈습니다. 태화사의 승려들은 공중에 떠 있는 판자가 신기해 다들 밖으로 나왔습니다. 1000명의 승려가 모두 법당에서 나오자마자 뒷산이 무너져 법당을 덮쳤지요. 1000명의 승려들은 자기들을 살려 준 원효 대사를 찾아 신라로 오게 되었습니다. 원효 대사는 제자가 된 승려들을 위한 절을 짓기 위해 돌아다녔는데, 마침 내원사 부근에서 산신이 나와 맞이해 주었습니다. 그래서 그 산에 89채의 암자를 짓게 되었던 것입니다. 그 후 1000명의 승려들이 득도해 성인이 되었다고 합니다. 그래서 내원사가 있던 산을 '천성산天聖山'이라 부르게 되었답니다.

진주성

[초등 사회 6-1]
주소 경상남도 진주시 남성동, 본성동

　유유히 흐르는 남강 줄기와 함께 진주의 역사를 감싸고 있는 진주성. 진주시를 가로지르는 남강을 끼고 길게 둘러친 진주성은 임진왜란 당시 치열한 전투를 벌였던 곳입니다. 왜군에 맞서 싸운 역사의 현장으로 진주 시민의 성지라 할 수 있지요. 임진왜란 때 김시민 장군과 군사들 그리고 진주 주민들이 똘똘 뭉쳐 왜적으로부터 진주를 구했기 때문입니다. 진주 대첩으로 패한 일본이 분을 삭이지 못하고 다시 진주성을 공격해 왔을 때도 김천일, 최경회, 황진 장군 등이 이끄는 군사와 주민들은 성을 지키기 위해 목숨까지 내놓았지요. 7만 명이나 되는 사람들이 이곳에서 싸우다 목숨을 바쳤다고 하니 숙연한 마음이 들지 않을 수 없습니다.

진주성 진주시의 성곽으로, 임진왜란 때 왜적에 맞서 싸운 역사의 현장이다.

논개 동상 나라를 위해 자기 목숨을 버린 의로운 여인이다. 오래전부터 음력 6월 그믐에 논개의 사당에서 제사를 지내고 있다.

특히 논개는 일본군 장수 게야무라 로구스케를 끌어안고 진주 남강에 뛰어들어 함께 죽었습니다. 나라를 위해 자기 목숨을 버린 의로운 여인이지요.

진주성은 백제 때에는 거열성, 통일신라 시대에는 만흥산성, 고려 시대에는 촉석성, 조선 시대 이래로는 진주성으로 불렸습니다. 지금의 성곽은 1970년대에 다시 지은 것입니다.

성 안으로 들어가면 맨 처음 볼 수 있는 것이 마치 왜군을 쫓기 위해 호령하는 듯한 김시민 장군의 동상입니다. 촉석루는 전쟁이 일어나면 장군이 군사를 총지휘하던 곳입니다. 영남 포정사는 망미루라고도 불렸는데, 성 안의 중심부 언덕에 솟아 있는 문루이지요. 성 북쪽 제일 높은 곳에 있는 북장대는 성 안팎을 살피고 지휘하던 요지였습니다. 성벽에는 임진왜란 당시를 떠올리게 하는 포를 진열해 놓았습니다. 성 안에 국립진주박물관이 건립되어 진주의 역사를 한눈에 볼 수 있답니다.

지금은 진주 시민의 휴식처가 된 진주성, 나라를 지키기 위해 앞서 가신 분들이 있었기에 우리에게 휴식이 가능한 것이겠지요?

촉석루 남강의 벼랑 위에 세워진 누각으로, 전쟁이 일어나면 이곳에서 장군이 군사를 지휘했다.

진주 대첩

전투에서 크게 승리한 것을 대첩이라고 하는데, 임진왜란 당시 왜군과 싸워 크게 승리한 전투 세 곳을 가리켜 임진왜란 3대 대첩이라고 합니다. 여기에는 1593년 2월 행주산성에서 전라감사 권율의 지휘에 의해 승리를 거둔 '행주 대첩'과 1592년 이순신 장군이 이끄는 거북선과 수군에 의해 승리를 거둔 '한산도 대첩' 그리고 진주성에서 치러진 싸움, '진주 대첩'이 있지요. 진주성 싸움은 1592년과 1593년에 있었던 두 차례의 싸움으로 김시민 장군의 지휘하에 승리를 거둔 1차 전투가 '진주 대첩'입니다.

1592년 4월 임진왜란이 터졌는데, 왜군은 곡창지대인 전라도를 차지하기 위해 영·호남의 관문인 진주성을 공격해 왔습니다. 진주가 뚫리면 전라도 곡창지대까지 쉽게 닿을 수 있었기 때문이지요. 1592년 10월 일본군 장수 나가오카는 2만여 명의 군사를 이끌고 진격해 왔고, 진주성의 김시민 장군은 3800여 명의 관군과 백성들을 지휘해 6일간 전투를 벌인 끝에 승리를 거두었습니다. 진주 부근의 성들이 모두 왜군에게 함락되었지만 진주성만은 꿋꿋이 지켜냈지요.

불곡사 석조비로자나불좌상

[중등 국사]
주소 경상남도 창원시 대방동 1036-1

불곡사 석조비로자나불좌상 오랜 세월 땅속에 묻혀 있던 불상으로, 창원에서는 처음으로 보물로 지정되었다.

절도 사라지고 절을 지키는 승려들도 사라졌지만 오랜 세월 동안 절을 지키고 있던 불상이 있습니다. 몸이 땅에 묻힌 채 말입니다. 통일신라 말기에서 고려 초기에 창건되었다는 말만 전해질 뿐 자세한 기록조차 없었던 창원의 불곡사는 땅속에 오랜 세월 묻혀 있었던 비로자나불좌상이 발견되면서 절의 틀을 갖추게 되었습니다. 도심 속에 자리한 이곳은 오랫동안 절터만 남아 있어서 '부처골'로 불리다가 절을 지으면서 불곡사라 부르게 되었습니다. 불곡사의 일주문은 본래 창원부 객사의 삼문(대궐이나 관청 앞에 있는 세 개의 문)이었던 것을 불곡사로 옮겨 세웠다고 해요.

창원에서는 처음으로 보물로 지정된 불곡사 석조비로자나불좌상은 오랜 세월 천대를 받아 왔습니다. 지금의 비로전 자리인 땅속에 묻혀 소고삐를 메는 말뚝으로 사용되었답니다. 땅 위에 솟은 부처 모양의 돌 정도로 생각했던 탓에 많이 훼손되어 있습니다. 왼손은 떨어져 나가고, 양 눈썹 사이에 있는 백호의 보석은 사라지고 말았지요. 그런데 그곳을 지나던 스님이 불상이라는 것을 대번에 알아보고 땅속에서 파내어 불곡사를 지어 모시게 되었답니다. 법당의 부처님으로 모셔지자 많은 사람들의 참배를 받게 되었지요. 땅속에 있다가 법당으로 모셔져서야 제대로 된 대접을 받게 된 것입니다.

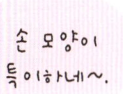

그나마 불상 전체의 틀과 불상을 받치고 있는 대좌가 완전하게 남아서 불상으로서 체면을 갖출 수 있었습니다. 떨어져 나간 왼손은 수리를 했지만 색깔이 달라 조금 어색한 느낌입니다.

통일신라 시대의 작품으로 머리에는 작은 소라 모양의 꼬불꼬

불곡사 일주문 원래는 창원부 객사의 삼문이었던 것을 불곡사로 옮겨 세웠다.

불한 머리카락이 촘촘히 붙어 있고, 얼굴의 배치가 균형 있게 이루어져 있으며, 두 손을 가슴에 포개고 앉아 있습니다. 왼손 집게손가락을 뻗쳐 세우고 오른손으로 그 첫째 마디를 자연스럽게 쥐고 있는 모습으로, 오른손은 불계, 왼손은 중생계를 나타내 부처와 중생은 둘이 아니라 하나라는 뜻입니다. 불상이 앉아 있는 대좌에는 연꽃무늬와 보살, 사자 일곱 마리가 새겨져 있습니다. 이 불상은 동화사, 부석사에 있는 비로자나불상과 같은 특징을 보인다고 합니다.

세병관

[초등 사회과 탐구 5-2, 초등 사회 6-1]
주소 경상남도 통영시 문화동 62

우리나라 세 바다 중 남해에는 이순신 장군의 자취가 많이 남아 있습니다. 그것은 이순신 장군이 임진왜란 당시 남해를 누비며 왜군들을 무찔렀기 때문이지요. 특히 통영은 이순신 장군과 관련이 깊은 도시입니다. 이순신 장군의 위패를 모신 충무 충렬사와 망일봉 이순신 공원이 있고, 거의 완벽하게 재현한 거북선도 볼 수 있거든요. 또한 통영은 이순신 장군의 호를 따서 충무시라 불렸을 정도랍니다.

통영의 중앙시장 쪽 바다가 내려다보이는 언덕에 세병관이 있

세병관 이순신 장군의 공적을 기리기 위해 지은 목조 건물로, 2002년 국보 305호로 승격되었다.

지과문 세병관의 입구이다. '창을 거둔다'라는 뜻으로 더 이상 전쟁을 하지 않는다는 의미가 담겨 있다.

습니다. 세병관 입구까지는 제법 가파른 계단이 있습니다. 입구에 다다르면 마치 세병관이 있다는 것을 알리는 듯한 깃발이 여러 개 보입니다. 그리고 세병관으로 들어가는 입구인 지과문이 나옵니다. 이 지과문의 기둥 아래에는 돌이 받쳐져 있습니다. 나무 기둥에 불이 붙을 경우 더 큰 불로 번지지 않도록 돌을 받쳐 놓은 것이지요. 특히 불을 다스리는 신인 해태로 이 받침돌을 조각해 놓은 섬세함이 눈에 띕니다.

세병관은 이순신 장군의 전공을 기리기 위해 6대 통제사인 이경준이 세운 건물입니다. 또한 삼도 수군을 총지휘하던 곳이기도 했습니다. 건물의 이름인 '세병'은 당나라 시인 두보의 글 중에서 '만하세병挽河洗兵'에서 따온 말로, 은하수를 끌어와 병기를 씻는다는 뜻인데 더 이상 전쟁이 없는 평화로운 시대를 만들고자 하는 의지가 엿보입니다. '지과문' 역시 '창을 거둔다'라는 뜻으로 더 이상 전쟁을 하지 않는다는 의미가 담겨 있습니다.

세병관은 이순신 장군의 씩씩한 기상을 닮아 한눈에 보아도 웅장하다는 느낌이 듭니다. 정면 아홉 칸, 측면 여섯 칸의 평면 직사각형으로 되어 있는데, 모든 칸에는 벽을 만들지 않았습니다. 사면이 뚫려 있고, 50개의 두리기둥만 자리를 지키고 있습니다. 세병관의 면적이 워낙 넓어 경복궁의 경회루, 여수 진남관과 함께 우리나라에서 평면 면적이 가장 넓은 목조 단층 건물로 꼽힙니다. 세병관의 현판 또한 건물을 닮아서인지 2미터가 넘는 무지막지한 크기입니다.

　세병관이 삼도 수군 통제영이라 주변에는 100여 채의 관청이 있었지만 일제 강점기 때 모두 파괴되고, 세병관만이 학교로 쓰이면서 현재까지 남아 있게 된 것입니다. 오랜 세월을 거치면서도 당당한 모습을 지키고 있는 세병관은 보물 293호였다가 2002년에 국보 305호로 승격되었습니다. 세병관은 통영의 문화재 중 유일한 국보이기도 합니다.

　세병관 맞은편에 통영시 향토역사관이 있으니 그곳에서 통영의 문화와 유적을 둘러보세요.

세병관 내부 정면 아홉 칸, 측면 여섯 칸의 평면 직사각형이다. 사면이 뚫려 있고, 50개의 두리기둥이 세워져 있다.

이게 바로 그 유명한 한산도 대첩이구나!

한산도 대첩

1592년 한산도 앞바다에서 이순신 장군이 이끄는 수군이 거북선으로 일본 수군을 크게 무찌른 전투입니다. 특히 이 전투에서 학이 날개를 펴듯 적을 둘러싸서 공격하는 진형인 '학익진'을 펼쳤지요.

거창 상동 석조관음입상

거창군

[초등 사회 4-2]
주소 경상남도 거창군 거창읍 상림리 696

　거창읍에 있는 건계정 계곡은 이곳 주민들의 쉼터랍니다. 이 계곡에는 산책하기 좋은 길이 쭉 뻗어 있는데, 그 입구에 서면 불상 하나가 눈에 들어옵니다. 불상이 있는 너른 들판에는 건흥사라는 큰 절이 있었다고 전해집니다. 건흥사가 있었을 당시에는 절과 함께 영광을 누렸겠지만, 지금은 절이 없어진 자리에 홀로 남아 쓸쓸해 보이는 불상이지요. 게다가 빛바랜 모습은 얼마나 오래되었는지를 말해 주고 있지요.

　고려 시대의 석조 불상인 거창 상동 석조관음입상은 높이가 3.5미터나 되는 거대한 불상입니다. 화강암으로 만들어졌으며, 연꽃이 새겨져 있는 팔각형의 대좌 위에 서 있지요. 타원형의 얼굴에 눈이 가늘고 입을 꾹 다물고 있어서 화난 표정처럼 보여요. 그런데 불상의 코가 보이지 않는답니다. 코가 원래부터 없던 것이 아니고, 불상의 코를 갈면 아들을 낳는다는 속설 때문에 코가 없는 불상이 되고 말았지요. 몸에 비해 머리가 조금 큰 편이고, 상투처럼 묶어 올린 머리가 도드라져 보입니다. 또한 관을 쓴 흔적이 있지만 지금

은 사라지고 없습니다. 그리고 가슴에는 10개의 고리가 이어진 목걸이가 장식되어 있지요. 각이 진 어깨에다 몸이 전체적으로 사각형이라서 딱딱한 느낌이 듭니다. 몸에 붙어 있는 오른손은 물병을 들고 있고, 가슴 쪽으로 붙어 있는 왼손은 연꽃을 들고 있습니다. 불상이 연꽃을 들고 있는 것은 세속에 있어도 세속에 물들지 않는 불법을 상징한다고 합니다.

아쉬운 점은 시멘트로 두 발을 보수해 놓았다는 것입니다. 맨발을 드러낸 두 발이 보수로 인해 뭉뚱그려져 유난히 두드러져 보입니다. 그리고 닦아 낸 흔적이 있는데, 약품을 이용해 닦아 내면 오히려 닳아서 없어진다고 하니 보존에 신경을 써야겠습니다. 이 불상은 제작 시기나 모양이 함안 대산리 석불과 비슷한 점이 많답니다.

거창에는 유난히 불상이 많습니다. 농산리 석조여래입상, 양평동 석조여래입상, 가섭암지 마애삼존불상 등이 있으니 함께 탐방해 보고 비교해 보는 것도 도움이 될 것입니다.

보천사지 3층 석탑·부도

의령군

[초등 사회과 탐구 6-1]
주소 경상남도 의령군 의령읍 하리 797-1, 산 96

돌은 불에 타지 않고, 오랜 세월이 흘러도 그 형태가 쉽게 변하지 않는 장점이 있어요. 그래서인지 많은 절들이 사라졌지만 그 절에 있던 석조물은 그대로 남아 있는 경우가 많습니다. 보천사지에 있는 3층 석탑과 부도도 마찬가지입니다.

통일신라 시대의 절인 보천사는 수암사라고도 불린 절이었는데, 절이 문을 닫은 이유가 흥미롭습니다. 절에 빈대가 많아서 승려들이 살기 힘들어 다른 절로 떠나는 바람에 결국 버려진 절이 되었답니다. 빈대 한 마리 잡으려다 초가삼간 태운다는 말이 꼭 들어맞은 경우지요. 아무리 빈대가 많아도 빈대가 돌을 물 수는 없으니 석탑과 부도는 고스란히 남게 된 모양입니다.

현재 의령의 용국사라는 사찰 진입로에 서 있게 된 석탑과 부도는 다른 절의 호위를 받고 있는 셈입니다. 그래도 오랜 세월을 견딘 만큼 석탑과 부도는 당당한 자태를 뽐내고 있지요.

3층 석탑은 단단하고 잘 빠졌다는 느낌을 줍니다. 고려 시대에 세워진 탑으로 기단을 2층으로 하고 그 위에 3층을 얹었습니다. 전체적으로 균형이 잡혔고, 기단을 단단히 하기 위해 모서리에 기둥을 세워 놓아서 독특한 구성이 돋보이는 뛰어난 작품입니

보천사지 3층 석탑

보천사지 부도

다. 탑 안에 사리가 있었는데 1967년에 사리 유물을 도난당했지요. 탑을 보수하는 과정에서 사리를 장치했던 흔적을 찾게 되었고, 또 그 안에서 청동으로 만든 불상과 광배 모양의 구리 조각, 흙으로 만든 탑 등이 발견되었다고 합니다.

보천사지에 남아 있는 또 하나의 유물인 부도는 절터 북쪽 산기슭 계곡에 자리하고 있습니다. 고려 전기의 작품으로 추정되는 이 부도는 위아래가 팔각형입니다. 정사각형의 바닥돌 위로 아래 받침돌·가운데 받침돌·윗받침돌을 올렸는데, 각각의 돌에는 돌띠, 용, 구름무늬, 연꽃잎 등이 조각되어 있습니다. 머리 장식은 없어진 상태이지만 지붕돌 끝마다 얹어 놓은 꽃 장식이 눈길을 끕니다. 조그마한 부도에 섬세한 장식들을 해놓아 아기자기한 느낌을 줍니다.

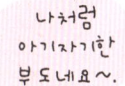

홍의 장군 곽재우

의령에는 유명한 역사 인물이 있는데, 누군지 아나요? 바로 홍의 장군 곽재우입니다. 의령 출신으로 임진왜란 당시 맨 처음 의병을 일으킨 장군이지요. 붉은 옷을 입고 백마를 타고 다녀서 '홍의 장군'이라 불렸답니다.

홍의 장군이 일으킨 의병의 군대 인원이 2000명에 달했고, 의령 정암진에서 왜군에 맞서 싸워 대승을 거두었습니다. 곽재우가 용맹을 떨친 이 정암진 전투에서는 용감한 장수 10명을 뽑아 자기와 똑같이 붉은 옷을 입히고 백마를 태워서 위장 전술로 왜적을 혼란에 빠뜨렸답니다. 왜적들이 가짜 홍의 장군을 잡으려고 우왕좌왕할 때 곽재우 장군은 많은 적을 물리칠 수 있었습니다. 그리고 북과 징과 꽹과리를 쳐서 적군을 흩어지게 하고, 밤에는 막대기에 횃불을 다섯 개씩 매달아 의병의 수가 수천이 넘는 것처럼 속이기도 했습니다. 결국 적군은 정암진 전투에서 거의 전멸하다시피 했습니다. 그래서 왜군들은 곽재우라는 이름만 들어도 벌벌 떨 지경이었답니다. 정유재란 때도 화왕산성을 지키면서 왜적을 막아 냈습니다. 그의 공로가 인정되어 여러 차례 벼슬길에 오르기도 했지만, 벼슬을 버리고 고향으로 돌아와 망우정에서 여생을 보냈다고 합니다. 곽재우와 관련이 깊은 정암진과 곽재우 장군의 위패가 모셔져 있는 충익사도 함께 둘러보는 것이 좋겠지요?

곽재우 동상

창녕군

창녕 신라 진흥왕 척경비

[초등 사회 6-1]
주소 경상남도 창녕군 창녕읍 교상리 28-1

삼국 시대에는 영토를 넓혔던 위대한 왕이 많지요? 고구려에 광개토대왕, 백제에 근초고왕이 있었다면 신라에는 진흥왕이 있었습니다. 진흥왕은 신라가 삼국을 통일하는 데 발판을 마련했던 왕입니다. 가장 눈에 띄는 업적이 주변 나라를 신라의 영토로 만드는 것이었습니다.

당시에는 다른 나라의 영토를 차지했다는 표시를 어떻게 했을까요? 바로 비석을 세워서 영역 표시를 했답니다. 그래서 진흥왕은 영토를 확장한 기념으로 순수비를 세웠지요.

진흥왕은 가장 먼저 신라와 근접해 있는 가야의 영토를 차지했습니다. 무엇보다 신라가 서쪽으로 진출하려면 지금의 창녕 지역인 비화가야가 중요한 길목이었지요. 그래서 비화가야를 차지하고 나서 비화가야의 옛 터전인 화왕산에 척경비를 세운 것입니다. 그 이후 진흥왕은 영토를 넓혀 여러 순수비를 세웠고, 삼국 통일의 발판을 마련했던 것이지요.

진흥왕 척경비는 오랫동안 그 존재가 잊혀졌다가 일제강점기

창녕 신라 진흥왕 척경비 진흥왕이 영토를 확장한 곳에 세운 순수비로, 지금은 만옥정공원에 옮겨와 비각을 세워 보존하고 있다.

창녕군 | 창녕 신라 진흥왕 척경비 **59**

북한산 신라 진흥왕 순수비

황초령 신라 진흥왕 순수비

단양 적성비

때 소풍을 간 학생에 의해 발견되었다고 합니다. 그저 큰 바윗돌로만 여겨 왔으니 보존이 제대로 되지 않았던 것은 당연하지요. 오죽하면 빨래터에서 빨래판으로 사용하기도 했다고 하니까요. 지금은 만옥정공원으로 옮겨 와 비각을 세워 보존하고 있습니다.

척경비는 자연석인 매끄러운 화강암을 약간 다듬은 후 받침돌이나 지붕돌 없이 몸돌에다 비문을 새겼습니다. 오랜 세월 동안 보호하지 않은 탓에 비문이 심하게 닳아서 전체적인 내용을 알기는 어렵지만, 비문의 후반부는 선명한 상태를 유지하고 있어 비문에 대해 그나마 알 수 있습니다. 비문의 후반부에는 왕을 수행하던 신하들의 명단이 직관, 직위, 소속의 순서대로 나열되어 있습니다. 총 글자 수가 642자인데 그중 400자 정도가 판독되었다고 합니다. 건립 연대는 비문에 보이는 '신사년이월일일립'으로 미루어 561년(진흥왕 22)으로 추정되고 있습니다. 그 건립 연대로 보아 척경비는 우리나라에서 가장 오래된 비석입니다.

톡톡! 생각 주머니

순수비와 척경비의 차이는 무엇일까요?

진흥왕이 영토를 확장한 기념으로 세운 순수비는 창녕의 척경비를 포함해 북한산 신라 진흥왕 순수비·마운령 신라 진흥왕 순수비·황초령 신라 진흥왕 순수비로 총 네 개입니다. 그런데 창녕의 척경비는 왜 순수비라고 부르지 않을까요?

먼저 순수비의 의미를 살펴볼까요? 순수라는 말은 왕이 천하를 돌아다니며 살피던 일로, 고대 중국의 풍습이었습니다. 왕이 살피고 돌아다닌 곳을 기념하기 위해 보통 비석을 세웠는데, 그것을 순수비라고 합니다. 그러므로 진흥왕 순수비는 진흥왕이 새롭게 신라의 땅이 된 곳을 돌아다니며 세운 비석을 말합니다. 진흥왕 순수비에는 공통적인 특징이 있는데, '순수관경巡狩管境'이라는 제목을 붙이고, 임금을 수행한 신하들의 명단을 기록했습니다.

그렇다면 척경비는 무엇일까요? '척경'은 경계를 넓힌다는 뜻으로, '척경비'는 진흥왕이 영토를 확장하면서 경계 지점에 세운 비석을 말합니다. 내용상으로는 순수비와 다를 것이 없습니다. 실제로 창녕의 신라 진흥왕 척경비의 비문 또한 순수비에 나오는 비문 형식이 들어 있습니다. 다만, '순수관경'이라는 제목이 붙어 있지 않다는 이유로 순수비가 아닌 척경비로 부르는 것입니다.

참고로 진흥왕 때 세워진 단양 적성비는 진흥왕이 직접 가지 않고 왕명을 받은 여러 명의 신라 장군이 고구려 지역인 적성을 차지한 뒤 그것을 기념해 세운 비석이기 때문에 순수비로 보지 않습니다.

순수비가 척경비냐, 척경비가 순수비냐 그것이 문제로다~.

영산 만년교

[중등 국사]
주소 경상남도 창녕군 영산면 동리 455

창녕은 살아 있는 자연 박물관이라 할 수 있는 우포늪과 억새로 유명한 화왕산이 있는 곳입니다. 그리고 국보를 비롯한 보물급의 문화재도 많은 곳이지요. 그중 하나가 보물 564호인 영산 만년교입니다. 영산면 호국공원에 있는 무지개다리로, 조선 시대에 놓였습니다. 만년교는 선암사 승선교, 흥국사 홍교, 벌교 홍교 등과 함께 무지개 모양으로 만든 것으로 큰 가치를 지닌 다리

영산 만년교 조선 정조 때 만들어진 무지개다리이다. 원님이 고쳐 준 다리라는 뜻으로 '원다리'라고도 불린다.

입니다.

    개천 양쪽의 자연 암반을 바닥돌로 삼고, 그 위에 잘 다듬은 화강암을 층층이 쌓아 무지개 모양의 틀을 만들었습니다. 그리고 둥글둥글한 자연석을 겹겹이 쌓아 올리고 그 위에 흙을 덮어 길을 만들었지요. 돌로 쌓은 건물이나 성벽은 무너져도 무지개다리는 어지간해서는 무너지지 않는다고 합니다. 놀라운 것은 우리의 전통적인 무지개다리는 돌과 돌 사이에 접착제 같은 것을 사용하지 않았음에도 무너질 염려가 없다는 것이지요.

    조선 정조 때 만들어진 만년교는 마을 개천 위에 놓여 있는데, 개천이 남산에서 흘러내린다고 해서 '남천석교'라고도 불렸습니다. 현재는 만년교라는 이름을 가지고 있지만, 이곳에 사는 사람들은 '원다리'라고도 부릅니다. 원님이 고쳐 준 다리라는 뜻인데, 다리 입구에 비석을 세워 원님의 공을 기린 흔적이 있답니다. 비석에 새겨진 기록을 보면 아무리 튼튼한 만년교도 홍수에 무너졌던 적이 있었나 봅니다. 그래서 1892년 당시 영산의 현감이었던 신관조가 다시 고쳐 지었다고 합니다.

    또한 만년교의 비석에는 '십삼세서十三歲書'라는 글자가 끝부분에 조그맣게 새겨져 있습니다. 이 비석의 글씨를 13세 소년이 썼다는 것이지요. 전해 내려오는 이야기에 의하면 마을에 신통한 필력을 가진 천재 소년이 있었습니다. 어느 날 소년의 꿈속에 신선이 나타나 자신이 거닐 다리에 '만년교'라는 글씨를 새겨 달라고 말했답니다. 소년은 잠에서 깨자마자 밤을 새워 글씨를 썼는데, 그것이 바로 만년교 앞에 세워진 비석의 글씨라고 합니다. 아

영산 만년교의 비석 13살 소년이 썼다고 해서 '십삼세서十三歲書'라는 글자가 새겨져 있다.

마도 다리가 만년교라는 이름만큼 천년만년 오래오래 남아 있기를 바라는 백성들의 마음이 만들어 낸 전설이겠지요.

만년교는 소박하고 정감 있게 생겨서 조용한 시골 마을과 잘 어울립니다. 특히 맑은 개울물에 다리가 비쳐 둥그런 모양이 그려지는 모습은 제법 운치가 있지요. 아름다운 무지개다리에 걸맞은 낭만적인 이야기가 전해지고 있답니다. 다리 위에서 마주친 사람들은 다음 생에서 다시 만날 운명을 가지게 된다는 것이지요. 창녕에 가게 되면 만년교를 꼭 건너 보세요. 운명적인 만남이 기다리고 있을 테니까요.

쌍계사

[중등 국사]

주소 경상남도 하동군 화개면 운수리 208
홈페이지 http://www.ssanggyesa.net
주요 문화재 대웅전, 진감 선사 대공탑비, 부도, 팔상전, 금강문 등

　천년 고찰의 고즈넉함과 차 향기가 짙게 밴 지리산 쌍계사! 두 계곡이 모이는 곳에 지어진 절이라 해서 쌍계사란 이름이 붙었다 합니다. 쌍계사를 휘감아 도는 계곡에는 절로 오르는 다리가 있어 더욱 운치가 느껴집니다. 쌍계사로 가는 길은 차나무 밭이 넓게 펼쳐져 있어 장관을 이룹니다. '삼신산 쌍계사'라는 현판이 걸려 있는 일주문을 지나면 금강문을 만나게 됩니다. 금강문에는 불법을 수호하고 악을 물리치는 금강역사가 모셔져 있지요. 그리

쌍계사 대웅전 불단 위에 화려하게 장식된 지붕 모형이 있는 불당으로, 약사불회도·제석천룡도 등 유명한 불화가 있다.

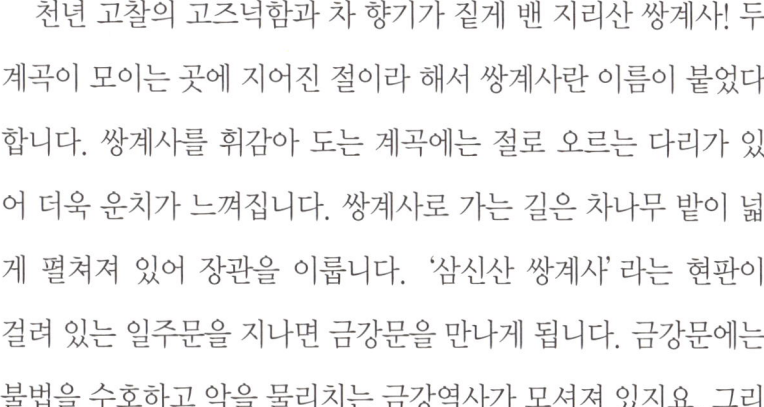

고 세 번째 문인 천왕문을 지나야 하지요. 세 개의 문을 지나 팔영루에 도달하면 비로소 경내로 들어서게 됩니다. 특히 팔영루는 2층으로 된 누각인데, 진감 선사 혜소가 중국에서 불교 음악을 공부하고 돌아와 이곳에서 우리 민족의 정서에 맞는 범패를 만든 것으로 유명하지요. 범패는 절에서 재를 올릴 때 쓰는 음악으로 가곡, 판소리와 더불어 우리나라 3대 성악곡 중 하나입니다.

쌍계사는 의상 대사의 제자인 삼법 스님이 722년(신라 성덕왕 21)에 창건한 절입니다. 당나라에 불법을 연구하러 갔던 삼법 스님은 꿈에서 당나라의 유명한 혜능 스님의 머리 유골을 가지고 삼신산의 눈 쌓인 계곡의 꽃이 피는 곳에 모시라는 계시를 받았습니다. 그래서 혜능 스님의 머리 유골을 모시고 와서 지리산 쪽으로 왔는데, 호랑이가 나타나서 길을 안내한 곳이 지금의 쌍계사 자리였답니다. 혜능 스님의 머리 유골을 묻은 다음 절을 짓고 처음에는 옥천사라 불렀습니다. 문성왕에 이르러 진감 선사가 옥천사를 크게 키우자 나라에서 '쌍계사'라는 절 이름을 내렸다고 합니다.

진감 선사 대공탑비는 국보 47호로 쌍계사를 크게 일으킨 진감 선사 혜소의 탑비입니다. 최치원이 비문을 짓고 글씨를 써서 더욱 유명하답니다. 거북 받침돌과 머릿돌은 화강암이고, 몸돌은 흑대리석으로 만들어졌습니다.

쌍계사 대웅전은 임진왜란 때 불에 탄 것을 인조 때 다시 지은 건물로 보물 500호입니다. 막돌로 쌓아 올

진감 선사 대공탑비 쌍계사를 크게 일으킨 진감 선사 혜소의 탑비로, 최치원이 비문을 짓고 글씨를 써서 더욱 유명하다.

린 기단 위에 민흘림기둥(밑동은 굵고 위로 올라가면서 직선으로 가늘게 한 기둥)을 세워 단단한 짜임새를 이루게 했습니다. 대웅전 천장은 우물천장이고, 불단 위에는 지붕 모형이 화려하게 자리하고 있습니다. 대웅전 안에는 약사불회도, 제석천룡도 등 유명한 불화들이 있습니다. 쌍계사에는 불교의 그림인 탱화가 많습니다. 대웅전뿐만 아니라 팔상전에도 영산회상도와 팔상탱이 있습니다.

쌍계사 마애불은 대웅전 동쪽에 있는 바위에 새겨진 불상입니다. 소박한 인상을 하고 있어 정감이 가는 불상으로, 앞으로 모은 양손이 두툼한 법의로 덮여 있어서 특이합니다.

쌍계사에는 이 밖에도 나한전, 명부전, 석등, 육조정상탑전 등 많은 문화재가 있습니다. 또한 쌍계사 입구에는 나무 장승이 서 있고, 각각 쌍계雙溪와 석문石門이라 새겨진 큰 바위 두 개가 있습니다. 이 바위의 글은 최치원이 지팡이 끝으로 쓴 글씨라는 전설이 내려오고 있답니다.

쌍계사에는 많은 문화재도 있지만 차와도 인연이 깊은 곳입니다. 차는 신라 선덕여왕 때 당나라에서 처음 들여왔는데 흥덕왕 때 왕명으로 지리산 줄기에 처음 심었다고 합니다. 그 후 진감 선사가 쌍계사와 화개 부근에 차 밭을 일구어서, 차를 널리 보급했다고 합니다.

톡톡! 생각 주머니

일주문에 적힌 '삼신산 쌍계사'는 무슨 뜻일까요?

사기 사마천이 엮은 중국 역사책이다.

쌍계사는 지리산에 위치해 있는데, 일주문 현판에는 '삼신산 쌍계사'라고 적혀 있습니다. 보통 그 절이 위치한 산 이름을 앞에 적는 것이 보통인데 왜 지리산이라고 하지 않았을까요?

우선 삼신산이 어떤 산인지 알아볼까요? 삼신산이란 중국 전설에 나오는 상상의 세 신산神山으로, 봉래산, 방장산, 영주산을 가리킵니다. 사마천이 엮은 중국 역사책인 《사기》의 〈열자〉에서 나오는 말이지요. 발해의 동쪽 수억만 리 저쪽에 오신산五神山이 있는데, 그 높이는 각각 3만 리이며, 구슬과 옥으로 지은 누각과 나무가 늘어서 있다는 겁니다. 그 나무의 열매를 먹으면 늙지도 않고 죽지도 않는다고 합니다. 그곳에 사는 사람은 모두 신선으로 하늘을 날아다니며 살고 있다고 해요. 오신산은 본래 큰 거북의 등에 업혀 있었는데, 뒤에 두 산은 흘러가 버리고 삼신산만 남았다고 하는 이야기가 전해지고 있습니다. 《사기》에 의하면, 옛날 중국의 왕들이 죽지 않고 오래 살기 위해서 삼신산을 찾았다고 합니다. 특히 진나라 시황제가 가장 열심히 삼신산을 찾으려고 했다고 해요.

중국의 삼신산을 본떠서 우리나라에도 금강산을 봉래산, 지리산을 방장산, 한라산을 영주산으로 불러 이 산들을 한국의 삼신산으로 일컬었다고 합니다. 이제 '지리산 쌍계사'가 '삼신산 쌍계사'가 된 이유를 알겠지요?

악양정

[중등 국사]
주소 경상남도 하동군 화개면 덕은리 815

조선 시대 선비들의 문화 공간은 어떤 것이 있을까요? 그중 하나가 정자입니다. 특히 벼슬을 멀리하고 시골에 내려와 제자들을 가르치던 선비들은 정자를 가까이했지요.

악양정은 조선 전기의 문신이었던 정여창이 하동에 내려와 덕은사에 은거하다가 절 안에 지은 정자입니다. 이 정자에서 정여창은 제자들에게 학문을 가르쳤지요.

정여창은 유학자들 사이에서 칭송받던 김종직의 제자로, 학식이 높고 행실이 단정해 사람들로부터 존경을 받았습니다. 같은

악양정 조선 전기의 문신이었던 정여창이 하동에 내려와 덕은사 안에 지은 정자로, 이곳에서 제자들에게 학문을 가르쳤다.

학자인 김굉필과 둘도 없는 친구로 사귀면서 함께 성리학을 연구했습니다. 효심 또한 지극했는데, 어머니가 돌아가지자 3년 동안 누구의 도움도 받지 않고 죽으로만 끼니를 때우며 지냈습니다. 나라에서 그의 효행을 기리기 위해 어머니의 묘소와 비문을 마련해 주려고 했지만, 정여창은 백성에게 노고를 끼치면 그 화가 어머니에게 돌아온다고 해서 사양했다고 합니다. 또한 부모의 재산은 자식의 재산이 될 수 없다는 생각에서 어머니가 남긴 재산을 하나도 가지지 않았다고 해요. 그만큼 뜻이 곧은 선비였지요.

정여창이 세상을 떠난 뒤 주인을 잃은 악양정은 볼품없게 400년을 이어 오다 고종 때 고쳐 짓고, 1994년에 대대적으로 보수해 현재의 모습을 하고 있습니다. 정면 네 칸 규모로 방 네 개와 두 칸의 대청이 있는 건물입니다.

경남 함양에는 최초의 서원인 소수서원 다음으로 세워진 남계서원이 있는데, 바로 정여창을 기리기 위해 세워진 서원입니다. 그리고 함양에 정여창의 고택이 아직도 남아 있는데, 양반가의 정갈한 기품이 돋보인답니다. 멀지 않은 곳에 있는 박경리 대하소설 《토지》의 주 무대인 평사리도 함께 둘러보는 것도 좋을 거예요.

함안 대산리 석불

[초등 사회 4-2]
주소 경상남도 함안군 함안면 대산리 1139

함안군 대산리 입구에는 세 구의 석불이 마을을 지키고 있습니다.

함께 모여 있는 세 구의 석불은 마치 법당의 삼존불처럼 배치되어 있습니다. 본존불인 가운데 석불은 앉아 있고, 양쪽에 두 구의 석불은 서 있는 형식입니다.

본존불은 오랜 세월 탓인지 머리와 목 부분이 떨어져 나갔고, 불상의 뒤를 받쳐 주는 광배(회화나 조각에서 인물의 성스러움을 드러내기 위해 머리나 등 뒤에 둥글게 빛나는 빛)도 많이 훼손되어 있습니다. 얼굴도 신체 일부도 떨어져 나가 초라해 보이는 석불이지만 가장 관심을 끌고 있는 불상입니다. 불상의 손 모양이 독특하기 때문이지요. 불상은 각기 역할에 따라 손 모양을 다르게 하고 있습니다. 이 불상은 손 모양 중 최고로 여기는데, 두 검지를 안경 모양처럼 만

대산리 석불의 얼굴 모습 고려 시대의 불교 양식을 잘 보여 주고 있다. 길쭉한 얼굴에 눈, 코, 입이 평면적으로 표현되었다.

든 것으로 우리나라에서는 좀처럼 볼 수 없는 손 모양이라고 합니다. 아홉 단계의 중생 중 가장 높은 단계의 중생을 구제하는 석불이기 때문에 연구 가치가 높은 불상이지요. 훼손은 가장 많이 되었지만 가장 중심에 있는 본존불인 이유를 알겠지요?

양쪽 두 보살입상은 그나마 보존이 잘 되어 있는 편입니다. 어른 키만 하고 뻣뻣하게 서 있는 불상입니다. 두 보살입상은 손 모양만 다를 뿐 비슷한 조각 수법으로 만들어졌습니다. 본존불의 왼쪽 보살상은 머리에 두건 같은 관을 쓰고 있습니다. 얼굴은 길쭉하고 눈은 가늘며 코는 길면서 납작합니다. 표정은 마치 화난 듯 굳어 있고, 왼손은 아래로 내려 물병을 잡고 있습니다. 오른쪽 보살상은 왼쪽 보살상과 거의 비슷한데 왼손은 배에 대고, 오른손은 가슴에 대고 있습니다.

세 보살상 모두 고려 시대에 만들어진 불상으로 추정하고 있습니다. 입체감도 없고, 신체나 옷 주름이 평면적으로 단순하게 조각되어 있기 때문입니다.

발을 조금 도드라지게 표현했고, 양 무릎에서 시작된 타원형의 옷 주름이 독특하지요. 그리고 두 보살입상의 옷이 법의라기보다는 한복과 비슷해서인지 우리 서민의 모습과 닮은 불상으로 느껴져 친근합니다.

이 석불 무리가 있는 마을에 기왓장과 같은 각종 유물이 발굴되는 것으로 보아 고려 시대에 큰 절이 있었을 거라고 추정하고

있답니다. '대사리大寺里'라고도 불리는 마을 이름에서도 이곳에 큰 절이 있었음을 알 수 있지요. 대산리 석불 뒤편에 80제곱미터 남짓한 공터가 있습니다. 민가 담벼락과 마주하고 있는데 담벼락 밑에 빨간 말뚝을 박아 놓았습니다. 그곳은 우물이 있던 자리라고 하는데, 예전에 고승이 우물에다 보물을 숨겨 놓고 갔다는 이야기가 전해져 오고 있답니다. 뭔가 신비로 가득 찬 마을 같지 않나요? 언젠가 대산리에서 많은 보물이 발견되었다는 뉴스를 듣게 될지도 모릅니다.

함양 석조여래좌상

[초등 사회 6-1]
주소 경상남도 함양군 함양읍 교산리 217

보통 학교에는 동상이 있기 마련인데, 함양 중·고등학교에 가면 특이하게도 거대한 불상을 볼 수 있습니다. 고려 시대의 석조여래좌상으로, 화강암으로 만들었지요. 학교가 있는 이곳은 원래 청룡사(용안사)라는 절이 있었는데, 연화문 와당, 작은 금동불상 등이 출토되었다고 합니다.

보물 376호로 지정된 함양 석조여래좌상은 오랜 세월에 이끼가 끼고 닳고 훼손되어서, 불상의 얼굴 전체를 볼 수 없을 뿐만 아니라 오른손과 무릎, 대좌의 일부도 훼손된 상태입니다. 하지만 조각된 눈썹과 두툼한 입술, 풍만한 턱을 보면 강인하다는 인상을 떠올릴 수 있습니다. 게다가 어깨가 높고 가슴이 당당해 웅장한 느낌을 주지요. 모진 풍파를 이기며 꿋꿋하게 견뎌 낸 모습은 우리 민족의 강인한 정신을 담고 있는 듯합니다.

불상의 목에는 세 줄의 주름인 삼도가 새겨져 있고, 둥근 어깨에 걸친 옷의 주름이

자잘하게 여러 개 잡힌 것은 고려 시대 초기의 조각에서 볼 수 있는 기법입니다. 불상을 받치고 있는 대좌는 상·중·하대를 고루 갖춘 사각 대좌입니다. 상대의 앞면은 깨어져 나갔지만 양쪽에 새겨진 연꽃무늬가 보입니다. 또한 중대에는 눈 모양의 안상무늬, 하대에는 구름무늬를 새겨 넣었지요.

남계 서원 조선 시대 학자 정여창을 기리기 위해 세운 함양의 서원이다.

이 석조여래좌상은 대좌의 높이까지 포함해서 4미터가 넘으니 얼마나 거대한 불상인지 짐작이 가나요? 이 불상을 조각하기 위해 얼마나 많은 사람들의 손을 거쳤을지 사뭇 느껴집니다.

이 밖에도 함양에는 최치원 선생이 홍수 피해를 막기 위해 심은 나무 100여 종이 울창한 숲을 이루고 있는 함양 상림이 있습니다. 뿐만 아니라 학사루, 정여창 고택, 남계서원 등 함양을 대표하는 많은 문화재가 있으니 함께 둘러보는 것이 어떨까요?

함양에 왔으면 남계서원도 들러야지!

해인사

합천군

[초등 사회과 탐구 5-2, 초등 사회 6-1]

주소 경상남도 합천군 가야면 치인리 10
홈페이지 http://www.haeinsa.or.kr
주요 문화재 해인사 대장경판, 장경판전, 대적광전, 길상탑 등

가야산은 소백산맥의 한 지맥으로 조선 세조가 '천하명산'이라고 감탄했을 만큼 뛰어난 경관을 자랑합니다.

이 산의 기슭에는 우리나라 대표 사찰인 해인사가 있습니다. 해인사는 여러모로 매우 중요한 의미가 있는 곳으로, 신라 시대에 화엄종을 널리 알리기 위해 세웠던 화엄 십찰 중 하나이자 고려 대장경을 보관한 법보 사찰로도 유명한 절입니다.

해인사로 들어가는 길목은 하늘이 보이지 않을 만큼 빽빽하게 우거진 숲길이지요. 일주문에서 봉황문에 이르는 기다란 길 주변

해인사 일주문 해인사로 들어서는 첫 번째 문이다. 해인사에는 세계적으로 유명한 팔만대장경이 보관되어 있다.

에는 굵직한 나무들이 늘어서 있습니다. 특히 1200년 된 느티나무가 있는데 지금은 수명을 다해 둥치만 남아 해인사의 오랜 역사를 말해 주고 있지요. 해인사의 봉황문은 천왕문 역할을 하는 곳입니다. 보통 천왕문의 사천왕상은 나무를 조각해 만드는데, 해인사에는 탱화로 사천왕이 그려져 있습니다. 봉황문을 지나 해탈문에 들어서면 비로소 해인사 경내로 들어가게 되지요.

해인사에는 민간 신앙의 흔적을 찾아볼 수 있는 토지신을 기리는 국사단이 있습니다. 또한 3층 석탑이 있는 마당에는 미로 같은 길을 그려 놓은 '해인도'가 있습니다. 팔만대장경의 가르침을 도안으로 나타냈는데 합장을 하고 한 바퀴 돌면 공덕을 얻는다고 합니다. 칠월 칠석에는 연인들이 해인도를 돌면서 기도하면 사랑이 이루어진다고 합니다. 해인사에는 스님들도 참 많답니다. 해인사는 참선 수행도 하고 불경을 공부하는 종합 수행 도량으로 일컬어지는 곳이기 때문이지요.

해인사는 802년(신라 애장왕 3) 때 의상 대사의 제자인 순응 대사와 이정 대사가 창건했습니다. 애장 왕비가 병들어 있을 때 두 대사의 기도로 병이 낫자 애장왕이 이 절을 세우도록 한 것입니다.

해인사의 이름은 화엄경의 '해인삼매'에서 비롯되었습니다. 거친 바다와 같은 번뇌가 멈추면 우주의 참된 모습이 바닷물에 도장 찍히듯 그대로 비쳐 보이는 경지를 뜻하지요.

해인사는 세계적으로 유명한 대장경판을 보관하고 있습니다. 그래서 한국 불교의 성지로 일컬어지지요. 또한 해인사는 세계 문화유산과 국보, 보물 등 70여 점의 유물을 보유한 우리나라 최

대 사찰이라 할 수 있습니다. 창건 이후 일곱 차례의 큰 화재가 있었지만, 팔만대장경과 장경판전만은 화를 입지 않고 옛 모습 그대로를 지키고 있어서 불가사의한 일로 여겨지고 있답니다.

그럼, 해인사에는 어떤 문화재가 있는지 살펴볼까요?

해인사 길상탑은 보물 1242호로 해인사에서 조금 떨어진 곳, 즉 해인사 일주문에 들어서기 전의 길가에 있습니다. 통일신라 시대의 것으로, 탑에서 탑에 대한 기록물이 발견되어 그 내력을 알 수 있답니다. 탑의 내력은 최치원이 기록한 것으로 여기에 따르면 이 탑은 도둑들로부터 사찰의 보물을 지키려다 희생당한 스님들의 영혼을 달래기 위해 세운 것이라고 합니다. 또한 당시의 해인사에 대한 기록도 자세히 적혀 있어 통일신라 시대의 생활상도 살필 수 있는 중요한 자료입니다. 길상탑만으로도 해인사가 얼마나 중요한 절인지 일깨워 주지요?

해인사 영지는 일주문 오른쪽에 있는 연못을 말합니다. 이곳에는 흥미로운 사연이 있답니다. 수로왕의 부인인 허황후가 낳은 일곱 왕자들이 허황후의 오빠인 장유화상을 따라 모두 가야산으로 출가하게 되었답니다. 아들들이 보고 싶었던 허황후는 이곳에 왔지만 일곱 왕자가 가야산 봉우리에서 수행을 하고 있어 만날 수 없었지요. 그러나 저녁 무렵 봉우리의 그림자가 연못에 비쳐 그리움을 달랠 수 있었다고 합니다. 가야산 정상 오른쪽 봉우리를 '칠불봉'이라고 부르는 것도 이 이야기에서 전해진 것이지요.

해인사 대적광전은 사찰의 대웅전에 해당하는 건물입니다. 해인사는 화엄경을 중심 사상으로 창건되었지요. 그래서 화엄경의

해인사 대적광전

보안당 뒤로 보이는 수다라장의 둥근 입구

으뜸 부처인 비로자나 부처님을 모셔서 법당의 이름도 대웅전이 아니라 대적광전이라 합니다.

해인사 장경판전은 국보 52호로 팔만대장경을 보관하고 있는 곳입니다. 그래서 해인사의 가장 안쪽에 있습니다. 남북으로 두 채의 건물이 나란히 배치되어 있습니다. 남쪽 건물은 수다라장이고 북쪽 건물은 법보전으로, 각 칸마다 바람이 드나들게 하는 창이 있습니다. 건물 앞쪽의 창은 위가 작고 아래가 크며, 건물 뒤쪽의 창은 아래가 작고 위가 큽니다. 이것은 남쪽에서 불어오는 공기가 아래 큰 창으로 쉽게 들어와 건물 안을 골고루 돈 다음 밖으로 빠져나가도록 만든 것이지요. 게다가 장경판전 안쪽 바닥에 숯, 횟가루, 소금을 모래와 함께 차례로 넣음으로써 습기를 빨아들이도록 했습니다. 이처럼 자연을 이용해 과학적으로 만들어졌기에 대장경판이 잘 보존될 수 있었겠지요.

장경판전 팔만대장경을 보관하기 위해 통풍이 잘 되고 습기가 차지 않도록 과학적으로 만들어졌다.

위대한 문화유산, 해인사 대장경판!

해인사 대장경판은 고려 고종 때 대장도감에서 인쇄를 위해 목판에 조각한 대장경판입니다. 대장경판은 고려 시대에 두 차례의 국가사업으로 만들어졌습니다. 고려 최초의 대장경인 초조대장경은 거란이 침입하자 거란을 물리치기 위한 의미로 만들어졌습니다. 팔공산 부인사에 보관하고 있었는데 몽골군에 의해 불타 버렸지요. 그래서 1236년 몽골군의 침입을 부처의 도움으로 물리치고자 16년에 걸쳐 또다시 대장경판을 완성했습니다. 이것이 지금 해인사에 보관된 해인사 대장경판입니다.

그럼, 대장경판은 어떻게 만들었을까요?

대장경판에 쓰인 나무는 산벚나무 등으로, 그것을 통째로 바닷물에

3년 동안 담갔다가 꺼내어 판을 만들 수 있는 크기로 조각을 냈지요. 그리고 대패로 곱게 다듬은 다음에야 경문을 새겼는데, 먼저 붓으로 경문을 쓰고 나서 그 글자들을 다시 하나하나 조각하는 순서를 거쳤다고 합니다.

　판수가 8만여 판에 이르러 팔만대장경이라 하는데, 이 대장경판의 글자를 한 자씩 쓸 때마다 절을 한 번 했다고 하니 그 정성이 대단하지 않나요? 30명 남짓한 사람들의 솜씨로 쓴 무려 52,382,960개에 이르는 구양순체의 글자들이 마치 한 사람이 쓴 듯이 일정하며, 잘못 쓰거나 빠뜨린 자가 없이 완벽하다고 합니다. 그런 의미에서 해인사 대장경판은 우리 민족이 남긴 가장 위대한 문화유산이라 할 수 있겠지요.

해인사 대장경판 몽골군을 부처의 도움으로 물리치기 위해 만들었다. 판수가 8만여 판이라 팔만대장경이라고 불린다.

봉감 모전 5층 석탑

천마도

대구광역시

사방이 산으로 둘러싸인 대구는 분지 지형이에요. 팔공산을 중심으로 형성된 문화유산이 대구의 오랜 역사를 말해 주지요. 나라가 위기에 닥칠 때마다 일어섰던 대구 시민의 정신이 곳곳에 스며들어 있답니다.

동화사

[초등 사회 4-2]

주소 대구광역시 동구 도학동 35
홈페이지 http://www.donghwasa.net
주요 문화재 마애불좌상, 비로암 3층 석탑, 금당암 3층 석탑, 당간 지주

'부산에 범어사가 있듯, 대구에는 동화사가 있다'라고 할 정도로 동화사는 대구를 대표하는 절입니다. 그뿐만 아니라 동화사는 임진왜란 때 사명 대사가 승려들로 조직된 군대의 본부로 삼아 왜적에 대항했던 곳이기도 합니다.

동화사 일주문에는 '팔공산 동화사 봉황문'이라는 현판이 걸려 있습니다. 동화사 절터가 봉황이 알을 품은 모습이라 해서 봉황문이라고 불리지요. 일주문을 지나면 한쪽으로는 계곡에서 세찬 물소리가 들려오고, 산과 닿은 곳에는 바위에 마애불이 조각되어 있어서 눈과 귀를 흥미롭게 합니다. 입구에 다다라 108 계

동화사 대웅전 동화사의 중심 법당으로, 팔공산과 어우러져 조화를 이루며 작지만 위엄 있는 건물이다.

단을 오르고 나서야 동화사 마당이 나옵니다.

동화사는 493년(신라 소지왕 15) 때 극달 화상이 '유가사'라는 이름으로 창건했습니다. 신라 흥덕왕 때 심지 왕사가 고쳐 지으면서 지금의 큰 절이 되었는데, 절 주변에 오동나무 꽃이 만발해 동화사라 이름 지었다고 합니다.

동화사 극락전 동화사 암자인 금당암에 있으며, 아미타불을 모시고 있는 법당이다.

동화사는 팔공산 자락에 위치해 있습니다. 팔공산은 원래 공산이라 불렸는데, 고려를 세운 왕건이 공산에서 견훤과 맞서 싸울 때 왕건을 대신해 죽은 신숭겸을 비롯한 8인 장수들의 업적을 기리기 위해 팔공산이라 불렀다고 합니다. 팔공산에는 많은 사찰이 있는데, 그중 동화사가 가장 큰 사찰이지요.

동화사에는 오랜 역사만큼 많은 승려들을 배출했는데, 그 수많은 승려들의 부도가 자리를 지키고 있습니다. 동화사와 함께 천년 넘게 한자리를 지켜 온 암자들도 옛 자취를 느끼게 합니다. 그리고 동화사에는 현대에 세워져서 오래된 문화유산이라고 할 수는 없지만 우리나라 최대의 석불인 통일약사여래대불이 있어 유명합니다. 민족 통일을 기원하는 뜻으로 1992년에 세워졌답니다. 그리고 봉서루는 '봉황이 깃든 누각'이라는 뜻을 가지고 있는데, 누각 앞 계단에 봉황의 꼬리에 해당하는 널찍한 자연석이 있습니다. 그 자연석 위에 봉황알 모양인 세 개의 돌이 놓여 있어 흥미롭지요. 봉황알을 만지면 소원이 이루어진다는 속설이 있답

니다.

　동화사 극락전은 금당암에 자리하고 있는 건물로, 아미타불을 모시고 있는 법당입니다. 극락전의 가장 큰 특징은 건물을 받치고 있는 기단 형식이 독특하다는 것이지요. 우선 터에 지대석을 깔고 그 위에 건물의 기둥을 세우듯이 기둥석을 세웁니다. 그리고 기둥석 사이사이에는 얇은 판석으로 막고, 기둥석 위에는 평평한 돌을 얹어 기단을 완성합니다. 이러한 기단은 가구를 짜듯이 정성을 들여야 합니다. 그만큼 극락전을 중요하게 여겼음을 알 수 있지요.

　동화사 비로암 3층 석탑은 통일신라 시대의 석탑으로 동화사 서쪽에 있는 암자인 비로암에 자리하고 있습니다. 통일신라 경문왕 때 민애왕의 명복을 빌고자 이 탑을 세웠다는데, 탑 안에 있는 사리함을 고정시키기 위해 송진을 부은 것이 눈길을 끕니다. 보물 247호로 지정되어 있습니다.

　동화사 비로암 석조비로자나불좌상은 보물 244호로 비로암 3층 석탑과 같은 시기에 만들어졌으며, 민애왕의 명복을 빌기 위해 만들어진 불상입니다. 불상을 받치는 대좌와 불상의 뒤에 빛을 표현한 광배를 갖추고 있으며, 미소가 없는 것이 특징입니다. 호분으로 칠해진 하얀 불상입니다.

　동화사 금당암 3층 석탑은 보물 248호로 역시 동화사에 딸린 암자인 금당암에 있는 석탑입니다. 그런데 이 탑은 하나가 아니라 두 개입니다. 두 탑은 머리 장식 부분을 제외하고는 거의 같은 방식으로 만들어져 서로 비교해 보는 재미가 있지요. 무리하게

비로암 3층 석탑 통일신라 시대의 석탑으로 동화사 서쪽에 있는 암자인 비로암에 자리하고 있다.

금당암 3층 석탑 동화사의 암자인 금당암에 각각 동쪽과 서쪽에 서 있는 두 개의 석탑이다.

마애불좌상 동화사 입구 암벽에 조각된 불상으로 동화사를 창건한 심지 왕사가 직접 새겼다고 전해진다.

통일약사여래대불 민족 통일을 기원하는 뜻으로 1992년에 세워진 우리나라 최대의 석불이다.

손보아 오히려 상하게 되어 아쉽습니다.

동화사 당간 지주는 통일신라 시대에 만들어진 것입니다. 당간 지주는 절 입구에 세워지는 경우가 많은데, 절에 행사가 있을 때 '당'이라는 깃발을 달아 두는 긴 막대기를 당간이라고 하며, 그 당간을 지탱하게 해주는 돌기둥이 당간 지주입니다. 전체적으로 묵직한 느낌을 줍니다.

동화사 입구 마애불좌상은 보물 243호로 동화사 입구 암벽에 새겨진 불상입니다. 동화사를 창건했던 심지 왕사가 손수 새겼다고 전해져 오는데, 불상을 받치고 있는 구름을 사실적으로 표현해 부처가 하늘 위에 떠 있는 듯 생생합니다.

도동서원

[초등 사회과 탐구 5-2]

주소 대구광역시 달성군 구지면 도동리 35
주요 문화재 강당사당부장원

 아담하고 아름다운 도동서원은 조선 선조 때 김굉필의 학문과 덕행을 기리기 위해 세운 서원입니다. 공자의 도道가 동쪽으로 왔다는 뜻으로 '도동'이라는 이름을 붙였다고 해요.

 도동서원은 우리나라에 있는 서원 중 으뜸이라고 합니다. 그러한 의미로 도동서원 안의 중정당 기둥에 흰 띠가 둘러 있지요. 수많은 서원이 문을 닫아야 했던 흥선대원군의 서원 철폐령에도 살아남아 서원의 명맥을 이어 가고 있습니다.

중정당 학문을 가르치고, 유생들이 공부를 하던 강당이다. 서원 중 으뜸이라는 뜻으로 기둥에 흰 띠가 둘러 있다.

강당 사당부 장원 김굉필의 위패를 모신 사당으로 주위를 둘러싸고 있는 아름다운 담장과 함께 보물 350호로 지정되었다.

　서원 바로 앞에는 낙동강이 그림처럼 흐르고 있고, 서원 뒤로는 비슬산이 감싸고 있습니다. 서원 뒤쪽에 있는 다람재라는 고개에서 서원을 한눈에 내려다보면 마치 한 폭의 동양화를 보는 듯합니다.

　도동서원은 중심축을 따라 수월루, 환주문, 중정당, 내삼문, 사당이 차례로 배치되어 있습니다. 수월루는 서원의 정문 역할을 하는 문루로, 수월루에 올라서면 낙동강이 훤히 보입니다. 옛 사람들이 이곳에 올라 낙동강의 경치도 즐기고, 시 한 수 지으며 휴식을 취했을 법한 곳입니다. 수월루를 지나 환주문으로 들어가면 서원 안으로 들어가게 되는데, 환주문은 문이 작은 편입니다. 선비들에게 몸을 낮추고 들어가라는 것인데, 바로 학문을 하는 자라면 겸손을 먼저 익혀야 한다는 뜻이지요. 중정당은 학문을 가르치고, 유생들이 공부를 하던 강당입니다. 중정당 기단에는 화재와 홍수를 예방하는 네 개의 용머리가 있습니다. 그런데 도둑

을 맞아 하나만 진짜라고 해요. 무엇보다 여러 헝겊을 대어서 만든 조각보처럼 다양한 크기의 돌을 하나하나 짜 맞춘 기단은 그야말로 예술이지요.

도동서원의 강당사당부장원은 담장과 함께 보물 350호로 지정되어 있습니다. 강당사당부장원은 김굉필의 위패를 모신 사당입니다. 담장은 담벼락에 흙과 기와로 층층이 쌓고 꽃문양의 동그란 기와를 장식해 놓았습니다. 이것은 외형적으로도 아름답지만 음양의 조화를 의미하기도 한답니다.

참! 서원 하면 은행나무를 빼놓을 수 없지요. 도동서원에도 400년이 넘은 은행나무가 있는데, '김굉필 나무'로 불린답니다. 너무나 오래되어서 축 처진 가지가 땅에 닿을 정도예요. 그래서 돌기둥을 박아서 늘어진 가지를 받쳐 주고 있습니다. 왜 서원이나 향교에 은행나무를 심는지 알고 있나요? 유교의 창시자인 공

김굉필 나무 400년이 넘은 은행나무로, 가지가 땅에 닿을 정도로 축 처져 돌기둥을 박아 놓았다.

자가 은행나무 아래서 제자들에게 학문을 가르쳤다고 해요. 이 유래에 따라 유학을 가르치던 향교나 서원에 은행나무를 심는 건 자연스러운 일이었지요. 게다가 은행잎이 책에서 생기기 쉬운 벌레를 막아 주었다고 합니다.

김굉필 선생은 어떤 분일까요?

한훤당 김굉필은 성리학의 대가라 할 수 있는 정여창·조광조·이언적·이황과 함께 '동방오현東方五賢'으로 불릴 만큼 조선 성리학의 정통을 계승한 인물입니다. 소년들에게 유학의 기본을 가르치려고 만들었던 《소학》에 너무 깊이 빠져서 '소학동자'라는 별명을 갖기도 했습니다. 학문이란 기본에 충실해야 한다는 것이 김굉필의 신념이었지요. 늘 기본에 충실했던 김굉필은 평상시에도 반드시 갓을 쓰고, 방에 고요히 앉아 책을 보면서 밤이 깊도록 자지 않았다고 합니다. 방 안에서는 책상에 갓끈이 닿는 소리만 들릴 정도였답니다. 닭이 울면 일어나서 종일 똑바로 앉아 학문 닦기를 쉬지 않을 만큼 평생토록 학문에 힘쓴 분이지요. 김굉필은 연산군 때 사화(조선 시대에 조정의 신하와 선비들이 정치적 반대파에게 몰려 참혹한 화를 입던 일)에 관련되어 유배가 되었다가 최후를 마치게 되었습니다. 김굉필의 제자로는 중종 때 뛰어난 정치가로 평가받는 조광조가 있습니다.

경상북도

이름난 산이 많고, 낙동강 유역으로 넓은 평야 지대가 펼쳐진 경상북도!
천년 동안 영화를 누린 찬란한 신라 문화와 신비스러운 가야 문화,
그리고 소박한 선비 문화를 한꺼번에 느껴 보고 싶다고요?
그렇다면 경상북도만 한 데가 없지요!

환성사

[초등 사회 4-2]
주소 경상북도 경산시 하양읍 사기리 150
주요 문화재 대웅전, 수월관 등

대구와 경상북도의 경계에 우뚝 솟은 팔공산에는 많은 사찰이 있습니다. 환성사도 팔공산 기슭에 자리하고 있는데, 산이 성처럼 절을 둥글게 에워싸고 있어서 환성사라 했답니다. 팔공산 자락에 있는 꽤 깊은 골짜기의 산길을 따라 한참을 올라가면 호젓한 곳에 환성사가 자리 잡고 있지요. 도심에서 불과 5킬로미터 정도 떨어져 있음에도 초목이 우거져 전혀 다른 세상에 온 것 같은 느낌이 듭니다.

환성사는 일주문이 특이한 곳입니다. 범어사 일주문처럼 돌기

환성사 대웅전 건물 모퉁이의 기둥을 가운데 기둥보다 높게 세워서 추녀의 선이 활 모양으로 치솟아 있는 환성사의 중심 법당이다.

환성사 일주문 돌기둥 네 개만 남아 있던 것을 최근에 복원했다. 원래의 규모는 범어사의 일주문보다 더 웅장했을 것으로 추측된다.

둥을 세워 만들었는데, 돌기둥의 크기나 모서리를 팔각과 사각으로 다듬은 수법으로 봐서 원래의 규모는 범어사의 일주문보다 더 크고 웅장했을 것으로 추측하고 있습니다. 지금의 일주문은 화재로 인해 돌기둥만 남아 있던 것을 복원해 놓은 것이지요.

환성사의 역사와 함께 해온 수월관은 환성사의 문루로 절집이라기보다 양반집의 누각과 정자 같습니다. 누마루에 난간을 두른 모습과 누마루에서 바라다보이는 연못이 사대부 선비들이 풍류를 즐기던 정자를 연상케 하지요.

환성사는 신라 흥덕왕 때 심지 왕사가 창건했는데, 당시만 해도 많은 신도가 몰려올 정도로 번창한 절이었습니다. 그런데 고려 말에 큰불이 나서 문을 닫을 지경에 이르렀습니다. 환성사가 이렇게 된 데에는 재미있는 이야기가 전해집니다. 고려 시대 때 대선사가 대웅전 앞에 연못인 수월관을 만들면서, "이 연못을 메우게 되면 부처의 기운이 사라지게 될 것이다"라고 했답니다. 즉

수미단 대웅전 내부의 불상을 받치는 단이다. 수미산을 본떠 나무에 조각하고 화려하게 채색했다.

절이 문을 닫게 된다는 말이겠지요. 그런데 고려 말에 게으른 주지가 수많은 사람들이 환성사를 찾는 것이 귀찮아서 연못을 메워 버렸답니다. 그 후 예언처럼 불이 났고, 조선 인조 때 다시 짓기 전까지 절로서 기능을 하지 못했답니다.

환성사 대웅전은 환성사의 중심이 되는 전각입니다. 보물 562호로 지정될 만큼 건축미가 뛰어나지요. 옛 아름다움을 지닌 건물로, 건물 모퉁이의 기둥을 가운데 기둥보다 높게 세웠습니다. 그래서 지붕의 추녀 끝이 활 모양으로 치솟아 건물이 웅장해 보인답니다. 특히 대웅전 내부에 있는 불상을 받치는 단은 나무를 조각하고 채색해 만든 화려한 수미단입니다. 수미단은 불교에서 세계의 중심에 있다는 상상의 산인 수미산의 모습을 표현한 것인데, 조각된 문양들이 독특해 신비롭게 느껴집니다.

그 밖에도 대웅전 옆에 심검당과 대웅전 앞마당에 3층 석탑 등이 소박한 환성사를 묵묵히 지키고 있답니다.

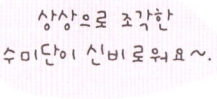

상상으로 조각한 수미단이 신비로워요~.

불굴사

[초등 사회 6-1]

주소 경상북도 경산시 와촌면 강학리 6
주요 문화재 3층 석탑, 약사여래입상, 석등, 부도 등

    주객이 전도되었다는 말을 아시나요? 주인과 손님의 입장이 바뀌었다는 말인데, 경산시에는 주객이 전도된 절이 있습니다. 바로 불굴사인데, 이 절은 신라 신문왕 때 옥희 스님이 창건했으며 건물이 50여 채에 이를 만큼 큰 절이었지요. 그래서 은해사를 관리하기까지 했습니다. 그런데 조선 영조 때 큰비가 내려 불굴사의 건물 대부분이 무너져 버렸답니다. 그 후 불굴사는 입장이 바뀌어 오히려 은해사 관리를 받게 되었답니다.

    팔공산 자락에 있는 불굴사는 유서가 깊은 절입니다. 절 옆에

불굴사 절 옆에 있는 석굴에 불상을 모셨다 해서 불굴사라는 이름이 붙여졌다. 부처의 진신사리를 모신 적멸보궁이 있다.

홍주암 석굴 원효 대사와 김유신 장군이 수도했던 곳이라고 한다.

석굴이 있는데, 자연으로 이루어진 석굴 안에 불상을 모셨다고 해서 불굴사라 이름이 붙여졌지요. 석굴은 신라 고승인 원효 대사가 수도한 곳이라 해서 '원효굴'이라 한답니다. 또한 신라 김유신 장군이 이곳에서 삼국 통일을 기원하다가 큰 깨달음과 지혜를 얻었다고 합니다.

불굴사에는 부처의 진신사리를 모시고 있는데, 적멸보궁이라는 건물을 지어 그 안에 모시고 있습니다. 그리고 돌기둥이 세워진 약사보전에 석조입불상을 모시고 있습니다.

일반적으로 법당 안에는 서 있는 불상을 모시지 않는데, 특이하지요? 석조입불상은 원래 밖에 있던 불상으로, 법당을 지어 보존하고 있는 것입니다. 자연석에 받침대를 조각하고 그 위에 불상을 세운 형태로, 머리 부분이 몸에 비해 큰 편이지요. 얼굴이 훼손되어 다시 조각했으며, 왼손은 없어져서 보주를 받치고 있는 모습으로 수리했습니다. 족두리를 쓰고 있는 모습이 여성을 상징하고 있는 듯합니다. 그래서 팔공산에 갓바위라 불리는 갓을 쓴 남성의 모습인 '관봉 석조여래좌상'과 부부라는 설화가 전해집니다. 불굴사 석조입불상이 갓바위 쪽을 바라보고 있다고 하니 두 불상의 정이 애틋하게 느껴집니다.

또한 불굴사에는 보물 429호로 짜임새가 단단한 통일 신라 시대의 3층 석탑이 있습니다. 2단의 기단 위에 몸돌을 쌓아 올린 형식으로 지붕돌은 넓고, 추녀는 반듯하며, 각 층의 비례가 균형을 이루고 있어 아름다움을 더합니다. 불탑 꼭대기 부분의 일부가 없어졌을 뿐 전체적으로 온전한 상태로 보존되어 있습니다.

불굴사는 특이하게도 비가 올 것을 미리 알 수 있다고 합니다. 기상청도 아닌데 어떻게 비가 온다는 것을 알려 줄까요? 불굴사 주변에 비가 올 듯한 기운이 감지가 되면 불상의 얼굴에서 땀이 난다고 합니다. 제법 큰비가 올라 치면 불상의 몸 전체가 흠뻑 젖는다고 합니다. 아마도 습기가 잘 차는 불상인가 봅니다. 장마철에 불굴사의 불상을 찾아가 보는 것도 재미있을 거예요.

불굴사 석조입불상 약사보전에 모시고 있는 불상으로, 자연석에 받침대를 조각하고 그 위에 불상을 세운 형태이다.

불굴사가 무너진 까닭은?

역사가 오래된 절일수록 사연이 많은 법이지요. 불굴사는 원효 대사와 김유신 장군이 수도했던 곳이라 꽤 유명한 절이었을 뿐만 아니라 규모도 큰 편이었습니다. 그런 절이 왜 갑자기 쇠퇴했을까요?

조선 시대에 들어서 유교를 높이 여기고 불교를 억압하는 정책을 폈어요. 그래서 절을 무시하는 의미로 유생들이 불굴사에 놀이터 드나들 듯했답니다. 승려들에게 갖은 심부름을 시키는 등 횡포를 부려 승려들이 제대로 도를 닦을 수 없게 만들었던 것이지요. 그런데 어느 날 평소 드나들던 유생들과 달리 점잖은 선비가 절을 찾아 왔답니다. 승려들은 선비가 범상치 않다고 느꼈지요. 그래서 선비에게 유생들이 찾아오지 않을 방법을 물어보았습니다. 선비는 산 너머 솔밭에 가면 큰 거북돌이 있는데, 거북의 눈을 빼면 된다고 했습니다. 유생들만 오지 않는다면 뭐든 해 보리라 마음먹었던 승려들은 선비의 말을 따랐습니다. 그런데 거북의 눈을 빼자마자 천둥 번개가 치고 비가 쏟아지더니 결국 산사태가 나서 절이 파묻혀 버렸다고 합니다.

절은 누구든 가리지 않고 자유롭게 드나들어야 하는 곳인데, 유생들을 막겠다고 절 전체를 잃은 셈이지요.

관봉 석조여래좌상

[초등 사회 4-2]

주소 경상북도 경산시 와촌면 대한리 산 35 선본사

　　꼭 이루고 싶은 소원이 있나요? 사람들의 소원을 잘 들어주기로 소문난 불상이 있습니다. '팔공산 갓바위'로 더 유명한 이 불상은 팔공산 남쪽 봉우리인 관봉 정상에 있습니다.

　　갓바위로 올라가는 길은 가파른 돌계단이 계속 이어져 인내심이 있어야 하지요. 소원을 이루려면 그 정도는 감수해야 하지 않을까요? 최근에는 이곳에 케이블카를 설치한다고 하는데, 불교 신자들의 반대가 이만저만이 아니랍니다. 편리를 쫓는 것보다는 자연 그대로의 불상을 지키겠다는 마음이지요. 무엇보다 불상에 힘들게 올라야지만 소원을 이루겠다는 마음이 더욱 간절해지고, 그만큼 소원은 쉽게 이루어지는 것이 아니라는 깨달음을 지키고 싶은 것이겠지요.

　　계단을 오르고 나면 제법 많은 바위들이 병풍처럼 펼쳐진 산꼭대기 암벽이 나타납니다. 그곳에 오랜 세월을 묵묵하게 앉아 있는 불상이 보입니다. 이 불상이 보물 431호로 지정된 관봉 석조여래좌상, 일명 갓바위입니다. 왼손 위에 약병을 들고 있는 의사 부처님인 약사여래불이기 때문에 '관봉 석조여래좌상'이라는 이름이 붙게 된 것입니다. 이 불상의 별칭이 갓바위인 것은 머리에 갓을 쓴 것처럼 넓적한 돌이 얹어져 있기 때문입니다. 불상은 풍만한 체구에 미소가 없는 근엄한 표정을 짓고 있어 무서운 선생님처럼 느껴집니다. 불상을 둘러싸고 있는 암벽은 광배 역할을 하고 있습니다.

　　관봉 석조여래좌상에 소원을 빌기 위해 많은 사람들의 발길이 끊이지 않고 있습니다. 특히 입시철이면 불상 앞이 기도하러 온

사람들로 장사진을 이루지요. 한때는 이 불상의 코를 갈아 먹으면 아들을 낳는다는 속설이 있어 코가 많이 훼손되었습니다.

관봉 석조여래좌상은 선본사라는 절에서 관리하고 있습니다. 하지만 이 불상은 선본사에서 1킬로미터나 떨어져 있지요. 그래서 관봉 석조여래좌상 근처에 절을 하나 더 만들었답니다.

관봉 석조여래좌상을 보호하기 위한 전각은 없습니다. 산꼭대기에 있어 불상의 갓과 맞닿아 있는 하늘이 전각인 셈이지요. 어쩌면 하늘과 가깝기 때문에 사람들의 소원이 하늘에 닿아 잘 이루어지는 것일지도 모릅니다.

문무대왕릉

[초등 사회과 탐구 5-2]
주소 경상북도 경주시 양북면 봉길리 앞바다

바다 속에 무덤이 있다는 것을 상상해 본 적이 있나요? 바로 문무대왕릉이 바다 속에 있는 무덤입니다. 경주에서 동해 쪽으로 가면 감포 앞바다가 나오는데 눈에 띄는 바위섬이 보입니다. 그곳이 삼국 통일을 완성한 신라 30대 왕 문무왕의 무덤입니다.

문무왕은 살아생전에 자신이 죽으면 돌아가신 스님들을 화장하는 불교 방식대로 자신도 화장해서 동해에 뿌려 달라고 유언했답니다. 나라를 지키는 용이 되어 동해로 침입하는 왜적들을 물리치겠다고 말입니다. 그래서 그 유언대로 현재 있는 그 바위섬에 유골을 묻었다고 합니다. 그래서 바위섬을 '대왕암'이라고도

문무대왕릉 문무왕의 유골이 묻혀 있다는 수중릉이다. 사방으로 물길을 내어 가운데의 바닷물은 항상 잔잔하다.

부르지요. 바위 안쪽은 사방으로 물길을 냈습니다. 바닷물이 파도를 따라 동쪽 물길로 들어와 서쪽 물길로 빠져나가도록 되어 있지요. 따라서 대왕암 가운데의 바닷물은 아무리 큰 파도가 쳐도 항상 잔잔하게 유지됩니다.

문무왕의 아들인 신라 31대 왕 신문왕은 부처의 힘으로 왜적을 물리치기 위해 문무왕이 짓다가 완성을 보지 못한 감은사를 아버지에 이어 완성했습니다. 특히 절의 금장 밑까지 바닷물이 들어오도록 물길을 만들었는데, 이것은 동해의 용이 된 문무왕이 언제든 절로 드나들도록 한 것이랍니다. 신문왕의 효심이 얼마나 지극했는지 알 수 있겠지요?

문무왕(626~681)

톡톡! 이야기 주머니

문무왕의 선물, 만파식적

죽어서도 나라를 지키는 용이 되어 왜적을 막겠다고 했던 문무왕! 아버지인 무열왕의 뜻을 받들어 삼국 통일을 완성했던 왕이지요. 그런 문무왕은 삼국이 통일된 후에도 더욱 굳건한 나라가 되라는 뜻에서 아들 신문왕에게 소중한 선물을 내립니다. 물론 문무왕이 죽은 후에 전해지는 이야기입니다. 그 선물은 무엇이었을까요?

감은사를 지어 아버지를 기리는 신문왕의 효심에 감동한 것일까요? 전설에 따르면 하늘의 신이 된 김유신 장군과 바다의 용이 된 문무왕이 동해의 한 섬에 대나무를 보냈답니다. 그런데 이 대나무는 신기하

게도 낮에는 둘로 갈라지고 밤이면 합쳐지는 이상한 대나무였어요. 신문왕이 그 섬에 찾아가자 용이 예언을 했어요.

"한 손으로는 소리를 낼 수 없으나 두 손을 마주치면 소리가 나니, 대나무도 합쳐져야 소리가 납니다. 대왕은 이 이치를 기억해 천하의 보배로 삼으시지요."

신문왕이 그 말을 알아듣고 대나무를 잘라 피리를 만들었는데, 그것이 바로 '만파식적'입니다. 모든 근심을 다 해결한다는 뜻을 가진 이 피리는 정말 나라에 힘든 일이 있을 때 불면 금세 해결이 되었다고 해요. 참 신기한 요술 피리지요? 김유신 장군과 문무왕이 이 피리를 내린 까닭은 삼국 통일도 중요하지만 여러 나라가 합쳐진 만큼 하나의 소리를 내라는 뜻으로 전해지고 있습니다.

불국사

[초등 사회 5-2]

주소 경상북도 경주시 진현동 15
홈페이지 http://www.bulguksa.or.kr
주요 문화재 석가탑, 다보탑, 청운교, 백운교, 금동비로자나불좌상 등

절 하면 불국사를 떠올릴 정도로 불국사는 우리나라 절의 대명사입니다. 불국사 경내에는 국보급 문화재가 가득하니 불국사 자체가 국보나 다름없습니다.

불국사는 많은 사람들이 찾는 곳이라 그런지 입구부터 잔디와 나무로 잘 조성해 놓았습니다. 불국사 현판이 시원스럽게 걸린 일주문을 지나면 바로 해탈교가 나오는데 그 아래에 커다란 연못이 있습니다. 잉어가 헤엄치고 수양버들 가지가 물에 담겨 있는 아름다운 연못이지요. 천왕문을 지나면 대웅전으로 통하는 중문

불국사 신라 경덕왕 때 김대성이 크게 고쳐 지은 절이다. 신라 불교 예술의 전성기 때 이룩한 최고의 건축물로 인정받아 세계 문화유산으로 등록되었다.

인 자하문이 나옵니다. 부처님의 몸에서 비치는 자금광이 안개처럼 서린 문이라는 뜻으로 자하문이라고 하지요. 청운교과 백운교를 올라 자하문에 들어서면 부처님의 나라, 불국사가 펼쳐집니다.

   토함산 기슭에 자리한 불국사는 맨 처음 창건한 이를 김대성

다보탑 대웅전 앞마당의 동쪽에 서 있는 석탑으로 기존 석탑의 모습에서 벗어난 독특한 형식이다.

으로 아는 경우가 많은데, 그보다 앞선 창건 유래를 가지고 있습니다. 눌지왕이 아도 화상의 청으로 불국사를 건립했지만 얼마 되지 않아 황폐화가 되었다고 합니다. 경덕왕에 이르러 김대성이 크게 고쳐 지으면서 큰 절이 된 것입니다. 그러나 임진왜란으로 불국사는 잿더미가 되다시피 했다가 그 후 다시 복구해 지금에 이르게 된 것입니다.

불국사는 사적 및 명승 1호로 지정되어 있을 뿐만 아니라 세계 문화유산으로 등록되어 있습니다. 다보탑을 비롯해 석가탑, 연화교·칠보교, 청운교·백운교, 금동비로자나불좌상, 금동아미타여래좌상 등 많은 문화재가 국보로 지정되어 있으며, 이 밖에도 많은 문화유산이 있습니다.

다보탑은 국보 20호로 지정된 통일신라 시대의 대표적인 석탑입니다. '과거의 부처님'인 다보 부처님이 '현재의 부처님'인 석가여래 부처님의 설법이 옳음을 증명한다는 불경의 내용을 바탕으로 만들어졌습니다. 그래서 다보 부처님을 상징하는 다보탑과 석가여래 부처님을 상징하는 석가탑이 나란히 서 있는 것이랍니다. 특히 다보탑은 기존 석탑의 모습에서 벗어나 직선과 곡선이 절묘하게 조화를 이루고 있어 화려하면서도 세밀함을 엿볼 수 있지요.

석가탑은 국보 21호로 지정된 통일신라 시대의 석탑으로 정식 명칭은 불국사 3층 석탑입니다. 석가탑은 여러 개의 이름을 가지고 있지요. 원래 이름은 '석가여래상주설법탑'으로 석가탑이라 줄여서 부릅니다. 그림자가 비치지 않는다고 해서 무영탑이라고도 부르지요. 다보탑과 달리 어디서나 볼 수 있는 전통적인 석탑 양식으로 완벽한 균형미를 자랑하고 있습니다. 탑 안에서 세계 최초의 목판 인쇄물인 '무구정광대다라니경'이 발견되기도 했습니다.

연화교와 칠보교는 극락전을 오르는 석조 계단으로, 국보 22호로 지정되어 있습니다. 둘을 합쳐서 연화칠보교라고 부르기도 합니다. 층계마다 연꽃잎이 새겨진 아래의 10단 계단이 연화교이고, 그 위의 8단 계단이 칠보교입니다. 지금은 문화재를 보호하기 위해서 오르지 못하도록 되어 있으니 기억하세요!

청운교와 백운교는 국보 23호인 석조 계단으로 불국사 경내로 들어가는 입구인데, 역시 보호하기 위해 통행이 금지되어 있습니다. 자하문과 연결되어 대웅전으로 들어가게 됩니다. 아래에 있는 계단이 청운교로 16계단이고, 위에 있는 계단이 17계단으로 백운교입니다. 합쳐서 33계단인데 부처의 경지에 이르지 못한 33가지 단계를 의미해, 계단을 오르며 깨달음에 다다르고자 하는 의지를 표현하고 있습니다.

금동비로자나불좌상은 비로전에 모신 불상으로 국보 26호로 지정되어 있습니다. 진리의 세계를 두루 통솔한다는 의미를 지닌 비로자나불을 형상화한 불상으로 얼굴은 위엄과 자비를 동시에 품고 있습니다. 금동아미타여래좌상은 극락전의 중심 불상으로 국보 27호로 지정된 금동불입니다. 금동비로자나불좌상에 비해 너그럽고 부드러운 얼굴을 하고 있습니다.

그림자가 떠 있는 누각이라는 범영루는 수미산 꼭대기를 나타

금동아미타여래좌상

내는 여덟 개의 판석으로 되어 있어 눈여겨볼만 합니다. 대웅전은 특히 단청이 화려하면서도 웅장하지요. 대웅전 뒤편의 무설전은 경론을 강론하는 강당입니다. 많은 이들에게 불법을 알리는 곳인데, 말이 없다는 이름을 가졌답니다. 아마도 불법은 말보다

석가탑 다보탑 서쪽에 나란히 서 있는 석탑으로 탑 안에서 무구정광대다라니경이 발견되었다.

청운교·백운교 대웅전으로 통하는 계단으로 다리 아래의 일반인 세계와 다리 위의 부처 세계를 이어 준다는 의미를 지니고 있다.

는 마음으로 느껴야 한다는 의미겠지요?

이렇듯 불국사는 신라 불교 예술의 전성기에 이룩한 최고의 건축물로 인정받고 있습니다. 불국사에는 부처님의 나라를 만들고 싶어 했던 신라인들의 바람이 담겨 있답니다.

석가탑에 얽힌 아사달과 아사녀 이야기

석가탑을 왜 무영탑이라고 부르는지 알고 있나요? 무영탑이란 그림자가 비치지 않는 탑이라는 뜻이지요. 석가탑에는 슬픈 사연이 있답니다.

김대성은 불국사를 새롭게 지으면서 석탑을 세우려고 했는데, 백제

후손으로 유명한 석공인 아사달을 불렀습니다. 아사달이 탑을 쌓는 동안 3년을 기다려도 돌아오지 않자 아내인 아사녀가 불국사로 찾아갔습니다. 그러나 탑이 완성되기 전까지 여자의 출입을 막았던 스님은 아사녀에게 근처에 있는 연못에 가서 기다리라고 했습니다. 지극한 정성으로 빌면 탑 공사가 끝나는 대로 연못에 탑 그림자가 비칠 것이고, 그러면 남편을 볼 수 있다고 했지요.

그 말에 아사녀는 탑의 그림자가 비칠 때까지 기다렸습니다. 하지만 그림자는 끝내 나타나지 않았고, 실망한 아사녀는 연못에 몸을 던져 죽고 말았습니다. 탑을 다 쌓은 아사달이 뒤늦게 아사녀의 소식을 들었습니다. 이미 연못에 빠져 죽은 아사녀를 그리워하던 아사달은 앞산 바위에 아내의 모습이 비치는 것을 느꼈습니다. 그래서 그 바위에 아사녀의 모습을 새겼답니다. 그런데 다 새기고 보니 자비로운 미소를 지닌 부처상이 되었다고 합니다. 그 후 사람들은 아사녀가 빠져 죽은 연못을 '영지'라 했고, 석가탑을 '무영탑'이라 불렀답니다.

물그림자가 안 비쳐서 무영탑이래요.

석굴암 석굴

[초등 사회 5-2]
주소 경상북도 경주시 진현동 891
홈페이지 http://www.sukgulam.org

불국사 뒤편에 있는 토함산 길을 따라 굽이굽이 올라가면 아름다운 경주가 한눈에 내려다보이는 석굴암이 있습니다. 버스로도 갈 수 있지만 조금 힘들더라도 산책로를 따라가면 울창한 숲의 공기를 느낄 수 있어 좋답니다. 석굴암으로 가는 길가에는 두 차례의 보수 공사 때 나온 석물들이 배치되어 있어 눈길을 끕니다.

석굴암이 있는 토함산은 신라인들이 영험하다고 여긴 다섯 산 중의 하나입니다. 그리고 석굴암은 문무왕이 묻힌 대왕암과 일직선으로 놓여 있다고 해요. 그런 의미에서 석굴암은 나라를 지키기 위한 계획으로 만들어졌을 거라고 보는 학자들이 많답니다.

석굴암은 불국사를 크게 일으킨 김대성에 의해 창건되었는데, 현생의 부모를 위해 불국사를 지었다면, 석굴암은 전생의 부모를 위해 지었다고 하지요. 불교에서는 전생에 행한 착한 일과 나쁜 일에 따라 현생의 위치가 달라진다는 '인과응보' 설을 믿고 있기 때문입니다.

석굴암은 자연 동굴이 아니라 인위적으로 만든 석굴입니다. 입구인 직사각형의 전실(앞방)에서 주실(한 건물에서 으뜸이 되는 방)로 들어가도록 되어 있는데, 주실의 천장은 원형으로 만들어

석굴암 석굴 인위적으로 만든 석굴에 본존불을 모시고 있다. 동아시아 불교 조각의 최고 걸작으로 꼽힌다.

석굴암의 구조를 한눈에 볼 수 있는 모형

져 전 세계를 통틀어 드문 건축 기법이라고 합니다. 석굴암에는 38구의 불상이 있는데, 주실 가운데 있는 본존불을 중심으로 그 둘레에 여러 불상이 빙 둘러 있습니다. 조각상들은 하나같이 정교하고, 개성 있게 표현되어 동아시아 불교 조각의 최고 걸작으로 평가받고 있습니다.

특히 주목할 만한 것은 이 석굴이 단순한 불교 건축에 그치지 않고 과학, 종교, 예술 등의 여러 분야가 종합적으로 결합된 걸작이라는 것입니다. 그래서 국보 24호로 지정되었을 뿐만 아니라 불국사와 함께 세계 문화유산으로 등록되어 있답니다. 아주 자랑스러운 우리 문화재이지요? 지금은 석굴암의 훼손을 막기 위해 전각을 지었고, 전실 입구도 유리벽으로 막아 놓았지요. 가까이서 볼 수 없다고 너무 아쉬워하지 마세요. 석굴암의 웅장하면서도 우아한 멋은 유리벽 너머에서도 느껴진답니다.

석굴암 본존불은 주실 가운데에 흰 화강암으로 조각한 불상입니다. 3미터가 넘는 거대한 불상은 위엄이 넘치고, 얼굴에서는 고상함이 느껴지지요. 통일신라 시대의 빼어난 조각 솜씨로 빚어진 본존불을 보고 있으면 진짜 부처님을 바라보는 듯해서 감탄이 절로 나온답니다.

주실에 들어가면 천부상과 보살상이 좌우로 배치되어 있으며, 10대 제자상이 본존불 주변에 새겨져 있습니다. 사실적이고 세련된 조각이 석굴의 가치를 높여 주지요.

감실은 본존불 주변 위쪽에 남북과 동으로 각각 다섯 개의 반원형으로 배치되어 있습니다. 석굴과 잘 어울릴 뿐만 아니라 석굴을 넓어 보이게 하는 효과도 있습니다. 감실 안에도 각각 보살상들이 앉아 있습니다.

십일면관음보살은 본존불 뒷면에 있는 불상입니다. 불상의 얼굴, 머리 위에 작은 아홉 개의 얼굴과 그 위에 있는 관음과 함께 11개의 얼굴이 있는 관음보살입니다.

지금은 석굴암으로 불리고 있지만, 원래는 하나의 절이었다고 합니다. 돌로 만든 부처가 있는 절이라는 뜻으로 '석불사'라고 불렸답니다.

경주 첨성대

[초등 사회 5-2]
주소 경상북도 경주시 인왕동 839-1

경주에 가면 빠지지 않고 보게 되는 문화재가 첨성대입니다. 첨성대가 있는 곳은 신라의 왕궁이 있었던 반월성 근처라 경주 시내의 신라 문화재들이 모여 있는 곳이지요.

첨성대는 생긴 모양이 독특해서 처음에는 어떤 용도로 쓰는 구조물인지 의문을 가졌다고 해요. 탑이라고 하기에는 특이하고 제단이라고 하기에는 올라가는 계단이 없어서, 딱히 어떤 용도였는지 밝혀내기가 힘들었던 것이지요. 하지만 이제는 첨성대가 천문 관측대라는 것을 다들 알고 있지요? 그렇지만 용도에 대해서는 아직도 논의가 계속되고 있답니다.

국보 31호로 지정된 첨성대는 만들어진 후 한 번도 수리를 하거나 고친 적이 없다고 합니다. 그래서 동양에서 가장 오래된 천문대로 알려져 있지요.

첨성대는 신라 선덕여왕 때 돌을

다듬어 쌓았다는 기록이 《삼국유사》에 전해지고 있습니다. 전체적으로 술병 모양처럼 생겼는데, 맨 위에는 우물 정#자로 맞물린 기다란 돌이 얹어 있습니다. 남동쪽으로 네모난 창이 나 있는데, 바깥쪽에 사다리를 놓고 창을 통해 안으로 들어간 다음 안쪽에서 사다리를 이용해서 꼭대기까지 올라가 하늘을 관측했던 것으로 추측하고 있습니다.

첨성대 내부 모형 바깥쪽에 사다리를 놓고 창을 통해 안으로 들어간 다음 안쪽에서 사다리로 꼭대기까지 올라가 하늘을 관측했다.

첨성대는 돌 362개로 27단을 쌓아 만들었습니다. 여기서 362는 음력으로 1년의 날 수이고, 전체 단 수 27개는 신라 27대 왕인 선덕여왕을 상징한다고 해요. 그리고 창문 단(3단)을 제외하면 위아래로 각각 12단이고 총 24단인데, 이것은 12개월 24절기를 의미한다고 합니다. 게다가 맨 위에 놓인 돌 모서리는 각각 동서남북을 가리킨다고 하니 참으로 과학적인 건축물이라 할 수 있겠지요?

그렇다면 신라인들은 첨성대를 왜 만들었을까요? 먼저 농사와 관련이 깊다고 할 수 있는데, 당시만 해도 하늘의 움직임에 따라 농사 시기를 결정할 수 있다고 믿었기 때문입니다. 지금도 절기에 따라 농사 시기를 결정하는 것처럼 말입니다. 또한 별자리를 관측해 국가의 길흉을 점쳤다고 합니다.

첨성대 꼭대기에서 하늘을 관측하던 모습

흥미롭게도 발표에 따르면 첨성대가 '피사의 사탑'처럼 한쪽으로 기울어졌다고 해요. 북동쪽 땅 표면이 물기가 많고 덜 딱딱하기 때문이라고 합니다. 다행히 아직까지 특별한 이상은 없다고 해요. 그래도 우리의 소중한 문화재인 만큼 지속적으로 관심을 기울여야겠죠?

경주 석빙고

[초등 사회 5-2]
주소 경상북도 경주시 인왕동 449-1

신라의 왕궁이었지만 지금은 넓은 성터만 남아 있는 반월성. 봄이면 반월성 앞은 유채꽃이 넘쳐난답니다. 봄뿐만이 아니라 사시사철이 아름다운 곳이지요. 그 반월성 터에 석빙고가 자리하고 있습니다.

더운 여름날, 냉장고가 없었던 옛날 사람들은 어떻게 얼음을 보관했을까요? 옛날에는 냉장고 대신 석빙고가 있었습니다. 석빙고는 얼음을 저장하는 창고를 말합니다. 한겨울에 깊은 계곡이나 강에서 깨끗한 얼음을 채취해서 석빙고에 저장했지요.

그렇다면 우리 조상들은 언제부터 석빙고를 만들어 쓰게 되었을까요? 석빙고의 역사는 신라 지증왕 때부터 있었다는 기록이

경주 석빙고 조선 시대에 지어진 얼음을 넣어 두던 창고이다.

있지만, 현재 남아 있는 석빙고는 모두 조선 시대에 만들어진 것들입니다. 경주 석빙고도 조선 시대에 만들어졌습니다. 조선 영조 때 만들어졌다고 적힌 석비가 석빙고 옆에 있거든요.

경주 석빙고는 남아 있는 다른 석빙고에 비해 가장 완전한 형태라고 합니다. 입구는 바람이 잘 부는 남쪽에 있고, 깊숙이 들어가도록 해서 창고는 북쪽에 두었지요.

석빙고 환기구 더운 공기가 환기구를 통해 빠져나가 석빙고 안이 차가운 온도를 유지하도록 했다.

석빙고는 자연 냉장고라 할 수 있는데, 상당히 과학적으로 만들어졌어요. 우선 화강암으로 더운 공기를 밖으로 빼내는 구조로 만들고 그 위에 진흙과 석회 등으로 덮어서 밖의 열이 뚫고 들어오지 못하도록 했답니다.

무엇보다 더운 공기는 위로 올라가고 차가운 공기는 아래로 내려가는 성질을 이용해서 석빙고 천장에는 환기구를 만들었지요. 환기구를 통해 위로 올라간 더운 공기를 밖으로 빼내는 것이지요. 이렇게 해서 여름에도 석빙고 안은 0도 안팎의 온도를 유지했다고 하니 놀랍지 않나요? 언뜻 보면 석빙고는 둥그스름하게 봉긋 솟은 모양이 고분 같아 보이기도 해요. 그러한 둥근 형태가 석빙고 안의 공기가 잘 순환할 수 있도록 도와주는 역할을 한답니다.

또한 밖으로 물을 빼는 배수구를 두었는데, 빗물이 스며들거나 얼음 녹은 물이 배수구로 바로바로 빠져나가게 해서 석빙고 안에 습기가 없도록 했습니다.

　석빙고는 한여름에도 얼음을 보관했던 뛰어난 석조물입니다. 이렇게 보관된 얼음은 귀할 수밖에 없었지요. 그래서 주로 궁궐에서 사용했답니다.

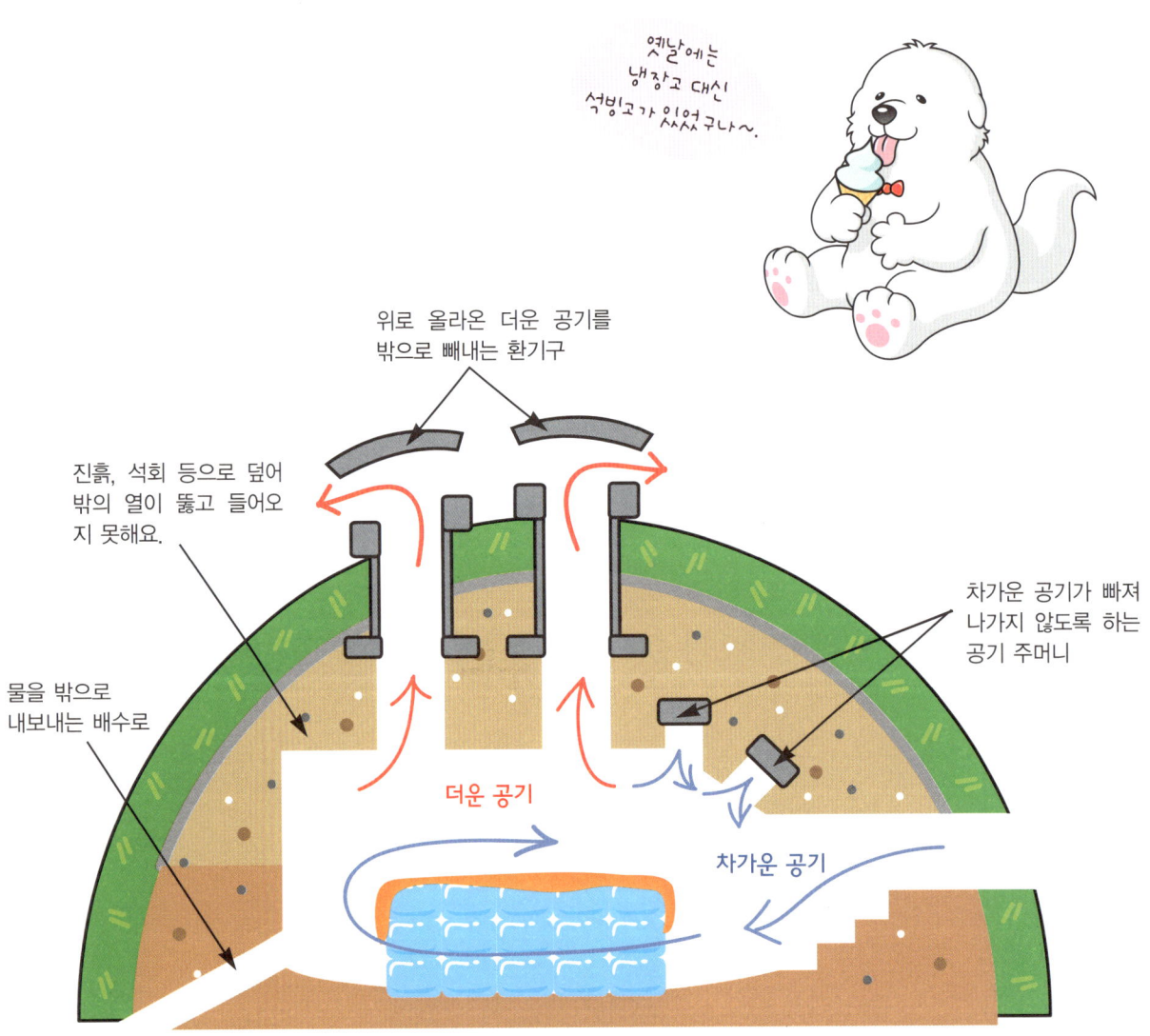

대릉원

[초등 사회과 탐구 4-2]
주소 경상북도 경주시 황남동 일대
주요 문화재 천마총, 미추왕릉, 황남대총 등

 천년 고도 경주에서 가장 쉽게 눈에 띄는 것이 우뚝 솟은 무덤들입니다. 무덤인지 동산인지 모를 만큼 거대한 무덤들이 즐비해 있지요. 첨성대 옆으로 자리 잡고 있는 대릉원은 신라 시대의 왕·왕비·귀족 등의 무덤 23기가 모여 있어 대릉원 지구라 부릅니다.

 공원으로 조성된 대릉원의 입구에 들어서면 산책길이 펼쳐집니다. 산수유며 벚나무, 소나무 들이 곳곳에 심어져 있고, 대나무 숲에서 불어오는 바람이 대릉원을 자연 속으로 빠져들게 하지요. 대릉원 담장 너머로는 기와지붕들이 보이는데, 예스런 분위기가 대

대릉원 신라의 왕·왕비·귀족 등의 무덤이 모여 있다. 기와집과 비교하면 무덤이 얼마나 큰지 알 수 있다.

천마총 무덤 안에서 천마도 장니가 출토되어 천마총이라고 부르게 되었다.

릉원과 잘 어우러집니다.

대릉원이란 이름은 경주 김씨 최초의 왕인 신라 13대 미추왕의 능에서 비롯되었습니다. 《삼국사기》에 '미추왕을 대릉에 장사 지냈다' 라는 기록이 있기 때문입니다. 미추왕릉은 대릉원 입구에 있습니다.

미추왕릉을 비롯해 23기나 되는 고분이 있다 보니 경주에서는 가장 큰 규모의 신라 고분군입니다. 이 고분군은 5세기에서 6세기경에 만들어진 돌무지덧널무덤(적석목곽분)입니다. 돌무지덧널무덤은 우선 땅을 파고 그 구덩이를 나무로 둘러 나무 곽을 만듭니다. 그리고 곽 안에 나무 관을 넣고 곽 뚜껑을 덮습니다. 그 위에 돌과 흙을 쌓아 올려서 거대한 봉분을 만드는 무덤 형식이랍니다.

　대릉원은 크게 신라 미추왕릉·황남대총·노서리 고분군·신라 오릉·경주 동부사적지대·노동리 고분군·재매정 등 일곱 개의 지역으로 나뉩니다.

　특히 아직도 누구의 무덤인지 알 수 없는 천마총도 이곳에 자리하고 있습니다. 보통 무덤에 '총'이라는 명칭이 붙으면 왕이나 왕비의 무덤이지만 누구의 무덤인지 알 수 없을 때를 말하며, 그 무덤의 가장 특징적인 유물이나 사실로 이름을 붙인답니다. 천마총은 무덤 안에서 자작나무로 만들어진 말다래(말을 탄 사람의 옷에 흙이 튀지 않도록 말의 안장 양쪽에 늘어뜨려 놓은 기구)에 하늘로 날아오르는 말이 그려져 있는 천마도 장니가 발견되어 붙게 된 이름이지요.

　그 밖에도 천마총에서 순금으로 된 장신구들이 많이 출토되었는데, 모두 진귀하고 화려한 것이었습니다. 그중에서 금관은 묻힌 사람의 머리에 쓰인 채로 발견되었는데, 사슴 뿔과 출出자 모양에 둥근 금판과 굽은 옥이 장식되어 화려함의 극치를 보여 준답니다.

　대릉원은 신라 상류 사회의 생활 모습을 알 수 있는 많은

천마총 금관과 허리띠 장식

천마도 천마총에서 나온 말다래에 그려져 있는 그림이다. 순백의 천마 한 마리가 하늘로 날아오르는 모습을 그린 것이다.

유물들이 출토된 문화재의 보물 창고입니다. 마을 앞동산 같은 고분들 사이를 고요히 산책하다 보면 옛 신라의 향기를 느낄 수 있을 거예요.

신라 시대 귀족들이 사용한 귀걸이란다.

아빠, 눈이 부셔요!

분황사 석탑

[초등 사회 4-2]

주소 경상북도 경주시 구황동 313 분황사
홈페이지 http://www.bunhwangsa.org

　분황사는 신라 최대의 사찰이었던 황룡사와 담장을 같이하고 있었지요. 신라 때만 해도 웅장했을 황룡사나 분황사는 터만 남고 왜소해진 모습으로 오늘을 살고 있습니다.

　분황사에는 오래된 유물들이 세월의 흔적을 그대로 간직한 채 후대의 사람들을 맞이하고 있지요. 터에 남아 있는 석등, 석탑 등을 보면 예전에는 큰 절이었던 것으로 추측됩니다. 분황사는 현재 발굴 작업이 한창입니다. 화려했던 과거의 흔적을 많이 찾아

분황사 석탑 돌을 벽돌 모양으로 다듬어서 쌓은 모전석탑이다. 선덕여왕 시절 분황사가 창건될 때 함께 세워졌다.

분황사 석탑의 감실 입구 양옆에 불법을 수호하는 신인 인왕상이 세워져 있다.

내기를 바라는 마음입니다.

　분황사 담장 위로 우뚝 솟은 탑 하나가 있습니다. 단단한 화강암으로 지어졌는데, 탑이라기보다 마치 집 같은 편안한 느낌을 주는 석탑이랍니다. 이 분황사 석탑은 선덕여왕 때 분황사가 창건될 때 함께 세워졌다고 해요. 돌을 벽돌 모양으로 다듬어서 쌓았다고 해서 모전석탑이라고 합니다. 이 탑은 원래는 7층이나 9층이었을 거라 추측되는데, 지금은 3층만 남아 있습니다.

　기단 위에는 화강암으로 조각한 동물이 네 모퉁이에 배치되었는데, 동해를 바라보는 곳에는 물개를, 육지 쪽에는 사자가 탑을 지키고 있습니다. 특히 사자는 부처의 세계를 지켜 준다고 합니다. 1층 네 면에는 입구가 열려 있는 감실이 있습니다. 감실 입구에는 인왕상을 양옆으로 세워 놓았는데, 힘차고 강인한 모습이 돋보입니다. 인왕은 불법을 수호하는 신으로 대체로 탑이나 사찰의 문 양쪽에 서서 사악한 무리를 경계하는 역할을 합니다.

오랜 세월을 거치면서 깨지고 닳았지만 여전히 위엄을 느낄 수 있는 것은 화려하고 섬세한 조각 솜씨 때문이지요. 분황사 석탑은 신라 문화가 가장 꽃 피웠던 시기를 상징하는 작품이라 할 수 있습니다. 힘차고 정교한 신라 석조 문화의 우수성을 여실히 보여 주는 작품입니다.

톡톡! 이야기 주머니

분황사에 얽힌 이야기들

모전석탑이 있는 분황사는 경주시 구황동에 있는데, 이 마을의 이름이 구황동인 것은 이 일대에 '황' 자가 들어가는 절이 아홉 개나 있었기 때문이라고 합니다. 그중 하나인 분황사는 황룡사와 담장을 같이 하고 있습니다. 황룡사는 터만 남았지만 분황사는 그나마 많은 유물이 발견되어 그 옛날의 영광을 보여 주고 있답니다. 분황사는 주지였던 자장 율사로도 유명하지만 원효 대사가 이곳에서 수많은 저서를 남겼다고 해서 더욱 유명하지요. 게다가 원효 대사가 죽은 후 그의 아들 설총이 원효 대사의 유해를 작은 상으로 만들어 분황사에 모시고 죽을 때까지 공경했다고 합니다.

설총(655~?)

영험하다는 천수대비의 그림과 솔거가 그린 관음보살상 벽화가 있었다고 하며, 경덕왕 때 무게가 30만 6700근이나 되는 거대한 약사여래입상을 만들어서 이 절에 모셨다고 하지만 지금은 그 자취를 찾을 수가 없답니다. 오랜 역사만큼이나 많은 유물이 있었을 테지만 몽골의 침략과 임진왜란으로 인해 지금은 이야기로만 전해지고 있을 뿐입니다. 하지만 모전석탑을 비롯해 원효 대사의 덕을 기리는 비석인 화쟁 국사 비, 나라를 지키는 세 마리 용이 살았다는 우물인 삼룡변어정, 당간 지주 등이 남아 있지요.

분황사의 이웃 절이었던 황룡사의 이야기도 빼놓을 수 없겠지요? 황룡사는 우리나라에서 가장 큰 절이었답니다. 황룡사는 진흥왕 때 짓기 시작해서 완공하는 데 93년이 걸렸다고 합니다. 솔거가 그렸다는 노송 벽화, 9층 목탑 등 많은 문화재들이 있었다고 전해지지만 고려 시대 몽골군의 침입으로 모두 잿더미가 되어 지금은 넓은 터만 남았습니다.

분황사 삼룡변어정

분황사 당간 지주

안압지

[초등 사회과 탐구 5-2]
주소 경상북도 경주시 인왕동 76

　반월성 동쪽에 위치한 안압지는 국립경주박물관에서 멀지 않은 곳에 있습니다. 안압지로 가는 길에 연꽃 단지가 넓게 펼쳐집니다. 아름다운 연꽃 사이를 거닐다 보면 그윽한 향과 고운 빛깔에 취해 부처님이 계신다는 극락 세상에 온 것만 같지요.

　삼국을 통일한 문무왕은 신라가 힘만 센 나라가 아니라 문화적으로도 뛰어나다는 것을 만방에 알리기 위해서 우선 궁궐을 확장시켜 위엄을 과시하려 했습니다. 그 하나로 궁궐 정원에 커다란 인공 연못을 만들게 했는데, 그 연못이 바로 안압지입니다. 큰 연못을 파고 못 가운데 삼신산을 상징하는 세 개의 섬을 만들도

안압지 신라 문무왕 때 궁궐 안에 만든 연못이다. 연못 어디에서도 연못 전체를 볼 수 없게 만들어 끝없이 펼쳐진 바다처럼 보인다.

록 했습니다.

안압지에 대한 기록이 《삼국사기》에 나오는데, '궁 안에 연못을 파고 산을 만들었으며, 화초를 심고 진기한 새와 짐승을 길렀다' 라고 합니다. 그리고 연못을 마치 바다인 것처럼 만들고 그곳에 반월성의 별궁을 지었는데, 이 별궁을 바다와 가깝다는 뜻에서 임해전이라고 불렀답니다. 임해전에서는 임금과 신하들이 회의도 하고, 잔치도 벌였다고 합니다. 신라 경순왕 때에는 고려 태조 왕건을 위해 잔치를 벌이기도 했답니다.

그러나 이 화려했던 안압지도 신라가 망하자 아무도 돌보는 이가 없어 폐허가 되고 말았습니다. 일제강점기에는 일본인들이 철도를 만들어 더욱 훼손을 시켰지요. 다행히 안압지에서 많은 유물을 발굴하면서 주목을 받게 되었고, 안압지 일대를 복원하게 되었습니다. 복원을 통해 안압지에 물을 끌어들였던 수로를 확인하게 되었는데, 오랜 세월이 지났는데도 수로 시설이 그 당

임해전 터 전경 모형 반월성의 별궁인 임해전과 안압지를 한눈에 볼 수 있다.

시 그대로 남아 있었습니다.

그럼, 안압지의 수로시설을 살펴볼까요? 물은 연못으로 바로 들어오지 않고, 세 군데를 거칩니다. 물이 한꺼번에 쏟아져 들어오지 않도록 한 것이지요. 특히 물이 들어오는 마지막 부분은 폭포로 만들어 물을 정화시키는 역할을 했는데, 이 때문에 연못물이 깨끗한 상태를 유지했다고 합니다. 또한 물이 빠져나가는 배수구를 만들어 연못물이 넘치지 않도록 해서 물 높이를 조절했답니다. 조상들의 지혜를 엿볼 수 있는 부분이지요.

안압지의 배수구 연못물이 넘치지 않도록 하기 위해 물을 빼내는 곳이다.

안압지의 원래 이름은 월지라고 불렸다고 합니다. 아마도 반월성과 가까운 곳에 있어서 붙인 이름이 아닐까요? 반월성의 동쪽에 위치해 있어서 이곳이 동궁이었을 거라고 추측하기도 한답니다. 조선 시대에 폐허가 된 연못에 기러기와 오리가 날아들어 안압지라는 이름이 붙여진 것으로 보입니다.

안압지는 연못 어디에서도 연못 전체를 볼 수 없게 만들어 마치 끝없이 펼쳐지는 바다를 보는 듯하게 만들어졌습니다. 바다와 같은 안압지를 바라보고 있노라면 왜적으로부터 나라를 지키겠다며 바다에 유골을 뿌려 달라고 했던 문무왕의 기상이 느껴집니다.

선산 죽장동 5층 석탑

구미시

[초등 사회 6-1]
주소 경상북도 구미시 선산읍 죽장리 505-2

우리나라의 5층 석탑 중 가장 높은 석탑은 바로 선산 죽장동 5층 석탑입니다. 높이가 10미터나 되는 거대한 석탑이지요. 국보 130호이며, 지금은 서황사로 이름이 바뀐 옛 죽장사 터에 있는 통일신라 시대의 작품입니다. 석탑 뒤로는 멀리 구미 시가지가 펼쳐지고 그 너머로 금오산이 보이지요.

2층 기단 위에 5층의 탑을 쌓은 형식으로 탑의 기둥에는 따로 조각을 하지 않았지만 돌로 촘촘히 계단 모양을 이루면서 쌓아 올려 웅장하면서도 세련된 분위기가 느껴집니다. 탑 1층에는 불상을 모시기 위해 만든 감실이 있고 그 앞쪽에 문을 달았던 흔적이 있습니다. 바닥돌에서 머리 장식에 이르기까지 100여 개가 넘는 돌로 짜인 거대한 석탑입니다.

이렇듯 선산 죽장동 5층 석탑은 높이나 쌓은 돌 수만 봐도 그 규모가 어마어마합니다. 이렇게 큰 석탑을 지으려면 왕실, 귀족, 지방 세력 등과 관련이 있어야 하는데, 석탑이 있는 구미는 신라의 중심지가 아니었지요. 하지만 구미는 불교가 신라 땅에 첫발을 디딘 곳이었답니다. 신라의 화려한 불교문화가 시작된 곳인 만큼 이런 거대한 석탑이 가능할 수 있었겠지요.

지금은 파손이 된 곳도 더러 있지만 무엇보다 안타까운 것은 탑이 기울어지고 있어 빠른 보수가 필요하다는 것입니다. 소중한 문화유산일수록 더욱 아끼고 보존해야겠지요?

불상이 들어 있는 석탑의 1층 감실

톡톡! 이야기 주머니

오누이 탑 이야기

옛날이야기에는 보통 사이좋은 다정한 오누이가 많이 나오지요? 그런데 선산 죽장동에는 서로 겨루기를 좋아하는 오누이가 살고 있었답니다. 오누이는 어느 날 누가 먼저 아름다운 탑을 쌓는지 솜씨 겨루기를 하기도 했지요. 누이는 지금의 죽장동 5층 석탑 자리에서 탑을 쌓고, 오빠는 강 건너 낙산동 3층 석탑 자리에서 탑을 쌓았답니다. 그런데 처음부터 누이가 탑을 빨리 쌓는 거였어요. 아들이 먼저 쌓기를 바랐던 어머니는 오랜 생각 끝에 딸에게 말 천 필을 한양에 주고 오라고 심부름을 시켰습니다. 그런데 한양에 갔다 오고도 여전히 누이가 탑을

먼저 쌓자 이번에는 딸에게 뜨거운 팥죽을 주었답니다. 뜨거운 것을 먹으면 그만큼 탑을 천천히 쌓을 테니까요. 결국 어머니의 방해에도 누이가 먼저 5층 석탑을 쌓는 바람에 오빠는 탑 쌓기를 포기해서 지금의 3층 석탑이 되었다는 이야기입니다.

죽장동 5층 석탑과 낙산동 3층 석탑에 얽힌 이야기는 두 탑이 만들어진 시기가 둘 다 통일신라 시대이니 그럴듯해 보이지요?

도리사

[중등 국사]
주소 경상북도 구미시 해평면 송곡리 403
홈페이지 http://www.dorisa.or.kr
주요 문화재 목조아미타여래좌상, 석탑, 극락전 등

멀리 낙동강이 보이는 태조산 자락에는 도리사가 있습니다. 웅장한 자태를 자랑하는 태조산은 '냉산'이라고도 하는데, 산자락 주변에 늘 선선한 기운이 감돌아서 그런 것으로 보입니다. 아마도 낙동강이 가까이에 있어서 기온이 낮은 게 아닐까요?

도리사는 조금 높은 곳에 위치해 있어서 계단을 한참이나 올라야 경내에 들어설 수 있습니다. 높은 곳에 자리하고 있는 만큼 전망이 뛰어나답니다. 도리사 주변에는 소나무도 많고, 아도 화

도리사 극락전 목조아미타여래좌상이 모셔져 있는 법당이다.

세존사리탑 종 모양의 사리탑으로, 안에서 금동 육각 사리함이 발견되었다.

상이 도를 닦았다는 좌선대를 본떠 만든 평평한 돌을 곳곳에 만들어 놓았습니다. 그만큼 숲 속에 앉아 명상을 하며 마음을 비우기에 좋은 곳이지요.

도리사는 신라에 처음 세워진 절이라고 전해집니다. 불교 국가로 유명한 신라지만 처음부터 불교를 좋게 생각하지는 않았답니다. 법흥왕이 불교를 신라의 국교로 인정하기 전까지 불교는 다른 나라의 종교로 따가운 눈총을 받았습니다. 물론 불교로 인정받기까지 이차돈이 목숨을 바치는 등 큰 역할을 했지만, 고구려의 아도 화상이 눌지왕 때 신라에 와서 낮에는 머슴으로 일하고 밤에는 종교를 널리 퍼뜨리는 활동을 벌였던 것이 신라에서 불교가 일어난 계기라고 할 수 있습니다.

아도 화상이 태조산 기슭을 지나다가 겨울인데도 복숭아꽃과 오얏꽃이 만발한 것을 보고 그곳에 도리사를 짓게 되었습니다. 하지만 지금의 도리사는 아도 화상이 창건한 그 절의 모습이 아닙니다. 조선 숙종 때 화재로 절이 흔적도 없이 사라져 버렸답니다. 그 후 영조 때 근처에 있는 암자인 금당암에 아미타불상을 옮겨 모시면서 금당암을 도리사로 바꾸게 된 것입니다.

도리사에는 적멸보궁과 극락전, 조사전, 칠성각 등의 법당이 있으며 불상, 탱화, 석탑, 세존사리탑, 아도 화상 사적비 등 많은 문화재가 있습니다. 특히 조사전에는 도리사를 창건한 아도 화상의 영정이 모셔져 있습니다.

도리사 목조아미타여래좌상은 향나무로 만들어 도금을 한 불상입니다. 도리사를 금당암으로 옮기면서 만들어진 것으로 보이는데, 극락전에 모셔져 있습니다. 조선 시대 불상의 특징인 몸에 비해 머리가 크고, 평면적이고 네모진 넓은 얼굴을 하고 있습니다.

도리사 석탑은 보물 470호로 지정된 화엄석탑이라 부르는 고려 시대의 석탑입니다. 같은 유형을 찾아보기 힘들 만큼 특이한 형태로 세워져 있습니다. 3층 석탑으로 마치 벽돌을 쌓아 올린 듯 해서 모전석탑처럼 보이지요. 각 면에 문틀을 새겨 넣은 널돌이 끼워져 있어 문짝 모양처럼 된 것이 특히 눈에 띕니다.

도리사 목조아미타여래좌상

도리사 석탑

직지사

[초등 사회 4-2]

주소 경상북도 김천시 대항면 운수리 216
홈페이지 http://www.jikjisa.or.kr
주요 문화재 사명각, 비로전, 석조약사여래좌상, 대웅전 앞 3층 석탑 등

황악산에 있는 직지사는 아도 화상이 신라 눌지왕 때 창건한 절입니다. 아도 화상이 도리사에서 서쪽으로 손가락을 가리킨 곳에 직지사가 세워졌다고 전해집니다. 손가락으로 가리켰다는 뜻에서 직지사라고도 하지만, '참선을 통해 사람의 마음을 바로 보면 그것이 바로 부처의 마음임을 깨닫는다' 라는 경전의 글귀를 줄여서 '직지' 라고 해서 이름이 되었다는 말도 있습니다.

직지사에서 제일 먼저 만나게 되는 것은 포장된 나무숲 길입니다. 사찰의 입구인 만세교까지 포장된 길은 걷기 편하지만 자

직지사 신라 눌지왕 때 아도 화상이 세운 절로, 아도 화상이 도리사에서 서쪽으로 손가락을 가리킨 곳에 세웠다고 전해진다.

연의 맛이 덜해 아쉽지요. 그래도 시원시원하게 자란 나무가 우거져 위안이 됩니다. 곳곳에 쌓인 돌탑들이 정겹기도 하고요.

직지사는 유난히 문이 많은 곳이기도 합니다. 직지사 경내로 들어가려면 모두 다섯 개의 문을 거쳐야 하거든요. 매표소에 있는 문을 통과해서 사찰의 영역을 알리는 일주문을 지나 대양문을 거쳐야 합니다. 그리고 금강문을 지나서 절의 수호신 역할을 하고 있는 사천왕상이 있는 천왕문을 지나서야 비로소 경내로 들어갈 수 있지요.

직지사는 경치를 아름답게 꾸며 놓아서 공원 같은 느낌을 줍니다. 기와지붕에 자란 풀들과 담벼락에 낀 이끼는 세월과 잘 어우러져 예스러운 건물들을 더욱 멋스럽게 합니다.

예로부터 이 절은 해동(예전에 우리나라를 이르던 말)의 중심부에 자리하고 있는 으뜸가는 가람이라는 뜻에서 '동국제일가람'이라는 말이 전해지고 있는데, 실제로 지리적으로도 남한의 중앙 지대에 위치하고 있습니다. 또한 직지사는 사명 대사가 출가해 30세에 주지로 있던 절로, 임진왜란 당시 이곳에서 왜적을 막는 데 큰 공을 세운 것으로도 유명합니다. 그래서 이 절의 사명각에는 사명 대사의 영정이 모셔져 있습니다. 그리고 조선 정종의 태반이 모셔져 있는 절이기도 합니다.

직지사에는 창건 당시에 세워진 건물이 거의 없습니다. 임진왜란 때 왜병들이 불을 질러 거의 모든 불당이 불에 타고 말았습니다. 법당 앞에 있던 대형 목조탑도 함께 소실되었지요. 한동안 폐허로 방치되던 직지사는 광해군 때 제 모습을 찾기 시작했습니

다. 조선 중기와 후기에 걸쳐 보수하고 고쳐 지었고, 근대에 들어서도 여러 차례 보수했지요. 옛 절의 위엄은 찾을 수 없지만 당시의 모습은 어느 정도 갖출 수 있게 되었답니다.

특히 흥미로운 곳은 비로전의 천불상이랍니다. 과거, 현재, 미래의 삼천불 중에서 현재의 천불을 말하는 것이지요. 비로전에는 말 그대로 천 개의 불상이 모셔져 있는데 천 개의 불상은 모두 모습이 다릅니다. 그중 벌거숭이 동자상을 찾아내면 아들을 낳는다는 전설이 있답니다.

직지사에는 석조약사여래좌상·대웅전 앞 3층 석탑·비로전 앞 3층 석탑·대웅전 삼존불탱화 3폭·청풍료 앞 3층 석탑 등의 중요 문화재가 있습니다.

직지사 석조약사여래좌상은 보물 319호로 지정된 민머리의 불상으로 상투 모양으로 묶은 유난히 큰 머리가 돋보입니다. 왼손에 약병을 들고 있어서 약사여래 불상임을 알 수 있지요. 불상 뒤의 광배는 폭이 넓어서 투박하지만, 넝쿨무늬와 불꽃무늬가 장식되어 있습니다.

직지사 대웅전 앞 3층 석탑은 보물 606호로 동서로 서 있는 쌍석탑이지요. 처음부터 이곳에 있었던 것이 아니라 문경의 도천사 터에 쓰러져 있던 것을 가지고 온 것이랍니다. 기단은 1단이고, 1층 높이가 다소 높은 통일신라 시대의 석탑이지요.

직지사 비로전 앞 3층 석탑 역시 도천사 터에서 가져온 것으로, 석탑의 양식이 대웅전 앞 두 기의 석탑과 같은 양식입니다. 보물 607호로 지정되어 있습니다.

직지사 대웅전 삼존불탱화는 보물 670호로 대웅전 본존불 뒷벽에 위치한 후불탱화입니다. 비단 바탕에 그려져 있는데, 총 세 폭으로 중앙에 석가여래의 영산회상도, 왼쪽에 약사회도, 오른쪽에는 아미타불의 극락회도로 구성되어 있습니다. 무엇보다 영산회상도는 석가여래가 영취산에서 설법을 하는 모습입니다. 가운데 석가를 중심으로 보살과 10대 제자, 사천왕 등이 둘러싸고 있습니다. 다들 석가의 말씀을 귀담아 듣고 있는 듯하지요.

직지사 청풍료 앞 3층 석탑은 보물 1186호로 강락사라는 절터에 무너져 있던 것을 복원해 옮겨 놓은 탑입니다. 통일신라 시대의 석탑으로 기단에는 네 모서리와 각 면의 중앙에, 몸돌에는 네 모서리에 기둥을 본떠 새겨 놓았습니다. 일제강점기 말 도굴범으로 인해 파손이 되었다고 합니다.

대웅전 앞 3층 석탑 동서로 있는 쌍석탑으로, 문경의 도천사 터에 서 있던 석탑을 직지사로 옮겨 왔다.

도리사에서 서쪽을 가리킨 곳에 직지사를 세워라~ 에헴!

봉암사

[중등 국사]

주소 경상북도 문경시 가은읍 원북리 485
홈페이지 http://www.bongamsa.or.kr
주요 문화재 마애보살좌상, 3층 석탑, 지증 대사 적조탑 등

문경에 있는 희양산은 산봉우리가 하얗게 드러나 있는데, 마치 산 전체가 하나의 바위로 되어 있는 것처럼 보입니다. 산세가 매우 험해 구한말에는 의병의 본거지였지요. 훨씬 이전에는 신라와 후백제가 국경을 다투던 곳이기도 했으며, 견훤과 왕건이 싸우기도 했던 곳입니다. 이러한 험준한 산세를 등지고 봉암사가 자리하고 있습니다. 희양산의 모습이 봉황을 닮은 바위라고 해서 봉암사라는 절 이름을 갖게 되었답니다.

희양산 중턱에 제법 너른 터를 닦아 자리한 봉암사는 일주문

봉암사 절이 있는 희양산의 모습이 봉황을 닮은 바위라고 해서 봉암사라는 절 이름을 가지게 되었다.

이 독특합니다. 정확히 말해서 현판이 독특하다고 할 수 있지요. 들어갈 때는 '희양산 봉암사'라 되어 있는데, 나갈 때는 '봉황문'이라 되어 있거든요. 일주문은 소박하고 절제되어 있지요. 자주 문을 여는 곳이 아니라서 자연의 깊은 맛을 느낄 수 있습니다. 경내로 들어가려면 남훈루를 지나야 합니다.

봉암사는 신라 헌강왕 때 지증 대사가 창건했습니다. 지증 대사는 희양산의 산세를 둘러보고는 "이곳은 스님들의 거처가 되지 못하면 도적의 소굴이 될 것이다"라고 했답니다. 아마도 험하고 가파른 산세 때문에 그랬겠지요.

봉암사는 일반인의 출입을 통제하고 있습니다. 봉암사는 1년에 딱 한 번, 부처님 오신 날에만 개방한답니다. 물론 옛날부터 그랬던 것은 아니지요. 현대에 이르러 조계종의 특별 수도원으로 정해지면서 일반인의 출입을 금지하고 있는 것입니다. 스님들이 몇 달간 기간을 정해 놓고 공부도 하고 수련도 한답니다. 옛날부터 이름난 고승들이 이곳에서 수도를 했다고 하니 그 역사를 잇는 셈이지요.

봉암사는 왕건과 견훤의 싸움으로 화재가 나서 많은 전각이 소실되었습니다. 그 후 왕건이 고려를 세운 후 정진 대사가 다시 고쳐 지으면서 사찰의 모습을 갖추게 되었습니다. 그래서 봉암사에는 절을 창건한 지증 대사와 고쳐 세운 정진 대사를 기리는 문화재가 많습니다. 임진왜란 때 또 한 번의 화재로 많은 피해를 입어서 옛 전각들을 찾아보기 힘듭니다. 그래도 스님들이 수련하는 곳이라서 그런지 전체적으로 엄숙함과 위엄이 느껴집니다.

절 문을 여는 부처님 오신 날에는 하얀 연등이 물결치는데, 더 숙연한 마음이 들게 하지요.

그럼, 봉암사에 있는 문화재를 찾아볼까요?

봉암사 3층 석탑은 통일신라 시대의 탑으로, 단층의 기단으로 구성되었습니다. 오랜 세월이 지났지만 탑의 댓돌인 기단부, 탑의 중심이 되는 탑신부, 꼭대기의 머리 장식인 상륜부까지 비례와 조화를 이룬 데다 원형 그대로 보존되어 가치가 높습니다. 보물 169호도 지정되어 있지요.

지증 대사 적조탑은 보물 137호로 지정되어 있습니다. 지증 대사의 사리를 모시고 있는 부도로 각 부의 조각이 섬세하고 빼어나 신라 부도의 대표적인 작품으로 알려져 있습니다. 팔각 기단의 밑단에는 면마다 사자를 새겨 놓았는데, 조각도 두툼하고 취하고 있는 자세가 모두 달라 생동감이 넘칩니다. 윗단에 새겨진 구름무늬도 뭉게뭉게 피어날 것만 같지요. 천상의 모습을 새긴 연꽃이나 보살상도 눈에 띕니다.

지증 대사 적조탑비는 보물 138호로 봉암사를 창건한 지증 대사의 공적을 찬양하는 글을 새긴 부도탑비입니다. 신라 경애왕 때 세운 것으로 거북 받침돌과 머릿돌이 모두 갖추어져 있습니다. 비문은 신라 시대 대문호인 최치원이 글을 짓고, 분황사의 승려 혜강이 글을 쓰고 새겼다고 합니다.

봉암사 마애보살좌상은 조각 연대가 고려 말기로 추정되는 작품으로, 희양산 자락의 백운대 계곡에 있습니다. 바위에 불상의 머리 주위를 약간 깊게 파서 감실과 광배 효과를 내도록 한 것이

특징입니다. 불상 옆 바위에 백운대라는 글씨가 제법 크게 조각되어 있는데, 이 역시 지증 대사 적조탑비의 비문을 지은 최치원의 글씨라고 전해집니다.

정진 대사 원오탑은 봉암사를 고쳐 세운 정진 대사의 사리탑으로, 불교 세계를 상징하는 각종 장식을 화려하게 새긴 것이 주목할 만합니다. 고려 광종 때 세워진 탑으로 지증 대사 적조탑을 모방했다고 합니다. 보물 171호로 지정되어 있습니다.

정진 대사 원오탑비는 정진 대사 부도탑비로 전체적인 형태가 간략하게 만들어졌어요. 고려 광종 때 세워진 비로, 비문은 당대의 문장가 이몽유가 짓고, 명필 장단열이 글씨를 썼습니다. 보물 172호로 지정되어 있습니다.

남장사

[중등 국사]

주소 경상북도 상주시 남장동 502
주요 문화재 철불좌상, 보광전 목각탱, 관음선원 목각탱 등

상주의 이름난 명승지일 뿐 아니라 경상북도 팔경 중의 하나로 꼽히는 남장사는 상주를 부드럽게 감싸고 있는 노악산 자락에 있습니다. 절의 첫 번째 문인 일주문은 다른 일주문과 달리 기둥에 활처럼 휜 또 다른 기둥이 두 개나 덧대어 있어 눈에 띕니다. 경내로 들어가는 천왕문 대신에 절 문에 사천왕상이 그려져 있지요. 여느 시골집처럼 규격 없이 놓인 돌계단과 흙벽으로 된 전각이 정감이 갑니다. 정원도 잘 가꾸어져 있어서 아늑한 느낌을 더해 주지요.

신라 흥덕왕 때 진감 국사가 창건했는데, 처음에는 장백사라

남장사 신라 흥덕왕 때 진감 국사가 창건한 절로, 조선 전기에 만들어진 철불좌상과 보광전의 목각탱이 유명하다.

불렀답니다. 고려 명종 때 각원 화상이 지금의 터로 옮기면서 남장사라 부르게 되었다고 해요. 상주 지역에는 사장사라고 불리는 네 개의 큰 절이 있는데, 남장사를 포함해서 북장사, 승장사, 갑장사 이렇게 네 개입니다. 절을 창건한 진감 국사는 당나라에서 부처님의 공덕을 찬양하는 불교 음악인 범패를 배워 우리나라에 보급한 인물이지요. 그래서 우리나라 최초로 범패가 보급된 절이기도 합니다.

남장사도 영남 지역의 다른 사찰들처럼 임진왜란의 피해를 벗어나지 못해 절이 불에 타서 인조 때 다시 지었습니다. 현재 극락보전을 비롯해 영산전·보광전·금륜전·향로전·진영각·강당·일주문·불이문·관음선원 등 여러 중요 문화재가 남아 있습니다.

남장사 철불좌상은 보광전에 모셔진 철조비로자나불좌상입니다. 조선 전기의 불상으로 추측되는데, 왼손이 오른손의 검지를 잡고 있어서 보통의 비로자나불의 손 위치와 반대라고 합니다. 이 불상은 가끔 땀을 흘리는데, 그때마다 나라에서 큰 싸움이 일어나곤 했답니다. 보물 990호로 지정되어 있습니다.

남장사 보광전 목각탱은 비로자나불을 모시는 보광전의 후불탱화로 사용되고 있습니다. 보통 불상을 그려 액자 형태로 벽에 걸어 두는 그림인 탱화는 종이나 비단에 그리는데, 이 탱화는 나무를 조각해 만든 목각탱입니다. 비로자나불에 대한 내용을 담고 있는데, 본존불을 중심으로 좌우로 10대 보살과 10대 제자, 사천왕이 계단식으로 배치된 독특한 구조입니다. 화면의 여백에는 아

남장사 석장승

름다운 색의 구름과 연꽃 모양의 보개들이 새겨져 있습니다. 보물 922호로 지정되어 있습니다.

남장사 관음선원 목각탱은 조선 숙종 때 만들어진 관음전의 주존인 관음보살상 뒤편에 있는 탱화로 나무에 새긴 목각탱입니다. 보광전의 목각탱과 비슷한 모양을 하고 있습니다. 나무에 자유롭게 새겨 넣은 뛰어난 솜씨가 높게 평가되고 있답니다.

참! 절 입구에 있는 못생긴 석장승도 명물이라 할 수 있지요. 왕방울만 한 눈에 주먹코, 삐죽 나온 송곳니에 턱수염까지 우스꽝스럽게 생겼답니다. 절 입구에 장승을 세워 두는 것은 잡귀의 출입을 막고 신성한 장소라는 것을 표시하기 위해서랍니다.

남장사가 이사 온 이유

옛날 어느 해에 흉년이 들었답니다. 하필이면 이런 때에 빈대까지 많아져 마을 사람들은 굶주림에 시달리고 빈대에게까지 물어 뜯겨야 하는 아주 힘든 시기를 보내야 했지요. 칠월 칠석날을 앞둔 어느 날, 절 아랫마을에 사는 사람들이 넉넉지 못한 살림이지만 시주할 곡식을 지고 절에 갔지요. 그런데 주지는 그들을 반겨 주기는커녕 코까지 골며 자고 있었습니다. 사람들이 주지를 차마 깨우지 못하고 있는데, 그

때 마침 빈대가 허기진 몸을 기대고 있는 한 사람의 허벅지를 물었답니다. 그는 피를 빤 빈대를 잡아다가 주지의 코앞에 두었지요. 피 냄새에 잠이 깬 주지는 기다리고 있던 사람들에게 미안하다는 말도 하지 않고, 화장실로 가서 자기 볼일을 보았습니다. 그러고는 손도 씻지 않고 밥을 지어 주었습니다. 주지의 행동이 괘씸했던 마을 사람들은 주지를 골려 주기 위해 밤에 빈대를 잡아다 절에 풀었지요. 그 후로는 절에 빈대가 많다고 소문이 났답니다. 빈대가 담을 쌓고 있어 사람이 살 수가 없다고 소문이 더 커지자 절을 찾는 이가 드물어졌지요.

몇 년 후 그곳에 있던 스님이 마을에서 동냥을 하고 돌아오는 길에 그늘에 쉬다가 잠이 들었습니다. 해가 뉘엿뉘엿 진 뒤에 잠이 깼지요. 스님은 일어나서 절에 갈 생각을 했지만 빈대 때문에 엄두가 나지 않아 다시 그곳에서 잠들어 버렸답니다. 그런데 꿈에서 부처님이 나타나 "여기가 영원한 너의 집이다"라고 하는 바람에 스님은 깜짝 놀라 잠에서 깼어요. 스님은 자신이 자던 곳 주변을 살펴보았습니다. 곧 좋은 터임을 깨닫고는 절을 옮겨 왔지요. 그곳이 바로 지금의 남장사 자리라고 합니다.

상주 상오리 7층 석탑

[초등 사회 4-2]
주소 경상북도 상주시 화북면 상오리 699

속리산의 천황봉 아래에는 천황봉에서 흘러내린 물이 폭포가 되어 떨어지는 장각 폭포가 있습니다. 그리고 바위를 타고 시원하게 떨어지는 폭포 옆에는 장각사라는 절이 있었다고 합니다. 지금은 사라지고 없지만 그 터에 늘씬하게 서 있는 7층 석탑이 있습니다. 바로 고려 시대 석탑으로 알려진 상주 상오리 7층 석탑입니다. 장각 폭포를 지나 석탑으로 오르는 계단은 통나무와 판자로 만들어 놓았습니다. 계단 입구에서 봐도 석탑의 윗부분이 보이지요.

이 7층 석탑이 처음 발견되었을 때에는 지금처럼 늠름한 모습이 아니었다고 합니다. 일제강점기 때 일본 헌병들이 사람들을 동원해 탑의 북쪽 기단을 허물어 무너뜨렸다고 합니다. 물론 도굴까지 했겠지요. 1977년에야 상주시에서 완전하게 복원해 보물 683호로 지정되었습니다.

7층 석탑이라는 이름에 걸맞게 이 탑은 다른 석탑에 비해 규모도 크고 매우 많은 돌로

이루어졌습니다. 2층의 기단 위에 7층의 탑을 쌓아 올린 형식으로 비율이 일정하지는 않지만 위로 올라갈수록 좁아지도록 구성해 놓았습니다. 그래서 탑이 불안정해 보이지 않고, 훤칠하게 쭉 뻗은 모습이랍니다. 1층과 2층 몸돌은 두 개로 나뉘어져 있는 것을 볼 수 있습니다. 1층 몸돌 네 모서리에 기둥 모양이 새겨져 있고, 동쪽 면에는 문짝 모양의 조각이 있지요. 꼭대기에는 머리 장식을 받치는 네모난 받침돌만 남아 있습니다.

    탑이 세워진 이곳은 거대한 탑에 걸맞는 큰 절이 있었을 거라고 추측하고 있습니다. 절터에서 석탑과 주춧돌들이 배열된 법당 자리와 석등 파편 등이 발굴되었지요. 그래서 장각사라는 절이 있지 않았을까 추측해 보지만 기록이 없어 안타까울 뿐입니다. 탑이 도굴되지 않았다면 아마도 기록들을 볼 수 있었겠지요. 일제강점기에 파손되고 잃어버린 문화재가 너무 많다는 것을 이 탑을 통해서도 절실하게 느낄 수 있습니다. 우리 문화유산을 잘 보호하는 것은 우리 역사를 지키는 것과 같다는 교훈을 잊지 마세요.

도산서원

[초등 사회과 탐구 5-2]

주소 경상북도 안동시 도산면 토계리 680
홈페이지 http://www.dosanseowon.com
주요 문화재 상덕사, 전교당, 도산서당, 광명실 등

천 원짜리 지폐를 유심히 살펴본 적이 있나요? 앞면에는 우리나라 사람이라면 모를 리 없는 퇴계 이황이 뒷면에는 도산서원이 그려져 있습니다. 도산서원은 동방의 주자라고 불리는 퇴계 이황의 학문과 덕행을 기리고 추모하기 위해 세운 서원입니다. 유교의 고장인 안동에 자리한 도산서원은 검소한 그의 기품처럼 소박함이 묻어나는 곳입니다.

서원으로 가는 길은 잘 가꾸어 놓은 키 작은 나무들이 줄지어 방문객들을 맞아 줍니다. 이황이 생전에 이곳에서 글을 가르쳤던 서당이 있어서 그럴까요? 서원으로 가까이 갈수록 유생들의 글

도산서원 동방의 주자라 불리는 퇴계 이황의 학문과 덕행을 기리기 위해 세운 서원이다.

읽는 소리가 들릴 것만 같지요. 서원 앞에는 굽이굽이 흐르는 물과 오랜 세월을 서원과 함께 해온 오래된 나무가 반겨 줍니다. 마치 이황이 후배 학자들을 반기듯이 말이죠.

전교당 현판 선조가 서원에 내려 준 '도산서원'이라는 현판으로, 한석봉이 임금님 앞에서 쓴 글씨라고 한다.

이황을 닮아 건물은 엄격하면서도 절제되어 있지만 그렇다고 권위가 느껴지지는 않습니다. 가지런히 배치되어 있는 건물은 옛 한옥의 정갈한 느낌을 품고 있지요. 서원으로 올라가는 계단 옆으로 피어난 모란은 자연을 벗 삼아 학문에 힘쓰던 이황의 여유를 생각하게 합니다.

도산서원은 선조 때 설립되었으며, 흥선대원군의 서원 철폐령이 내려졌을 때도 변함없이 옛 현인들의 신위를 모시고 제사를 지냈으며, 지방 교육에 앞장섰습니다. 한석봉이 쓴 '도산서원' 편액을 하사받아 나라에서 인정해 주는 서원으로서 영남 유학의 중심이 되었습니다. 이곳에는 상덕사·전교당·전사청·도산서당·농운정사·광명실·장판각 등이 있습니다.

상덕사는 보물 211호로 지정되어 있는데, 이황과 그의 제자 조목의 위패가 모셔져 있는 곳입니다. 이곳에서 매년 봄가을에 제사를 지내고 있습니다. 유교의 이념에 따라 간결하고 매우 검소하게 지은 건축물입니다.

전교당은 유생들을 교육하고 자기 수양을 하던 강당으로, 보물 210호로 지정되어 있습니다. 전교당의 앞마당 좌우에는 유생

도산서당 이황이 몸소 제자들을 가르치던 곳으로, 도산서원에서 가장 오래된 건물이다.

들의 기숙사인 동재와 서재가 자리하고 있습니다. 전교당에는 선조가 서원에 내려 준 '도산서원'이라는 현판이 걸려 있는데, 이 현판 글씨는 명필 한석봉이 임금님 앞에서 쓴 글씨라고 합니다.

도산서당은 퇴계 이황이 몸소 제자를 가르치던 곳입니다. 서원 안에서 가장 오래된 건물로 이황이 직접 설계했다고 전해집니다.

광명실은 책을 보관하는 곳으로, 책에 벌레가 슬지 않고 습기가 차지 않도록 하기 위해 아래에 기둥을 두어 건물이 땅에 닿지 않도록 세워 놓았습니다. 그리고 그 옆에는 책에 있는 벌레를 쫓는다는 은행나무를 심어 놓았지요.

도산서원을 중심으로 도산면에는 퇴계 이황의 유적이 많답니다. 대표적으로 퇴계 이황이 태어난 곳인 퇴계 태실과 그의 묘소가 있지요. 안동에 있는 또 하나의 대표적인 서원인 병산서원도 들러 보세요. 서원의 정갈한 묘미를 더욱 느낄 수 있을 거예요.

퇴계 이황 선생은 어떤 분일까요?

조선 시대 유학자를 떠올릴 때 가장 손꼽히는 인물 중 한 사람이 바로 퇴계 이황입니다. 이황은 아버지를 일찍 여의고 작은 아버지 밑에서 공부를 했습니다. 어릴 때부터 공부를 너무 열심히 해서 병을 얻을 정도였다고 합니다. 어머니의 소원으로 과거에 급제해 벼슬길에 나갔지만 여러 차례 몸이 병들어 약하다는 핑계로 고향에 내려와 학문에만 집중했습니다. 그가 학문의 깊이가 높다는 것을 안 명종과 선조는 끊임없이 그를 조정으로 불러들였습니다. 하지만 이황은 수차례 거절하고, 거절할 수 없을 때에는 지방직으로 지원을 했을 정도로 벼슬에 큰 뜻을 품지 않았습니다. 고향으로 내려와 도산서당을 짓고 제자들에게 학문을 가르쳐 뛰어난 유학자들을 키워 냈습니다. 유학에 관한 많은 저술을 남겼는데, 《성학십도》라는 책은 그에게 벼슬을 내리려는 선조에게 바쳤다고 합니다. 세상을 뜬 날에는 평소 아끼던 매화분에 물을 주게 하고, 잠자리를 정돈시킨 후 단정히 앉은 자세로 마지막을 맞이했다는 이야기가 전해옵니다.

퇴계 이황(1501~1570)

부석사

[초등 사회 5-1 · 5-2]

주소 경상북도 영주시 부석면 북지리 148
홈페이지 http://www.pusoksa.org
주요 문화재 무량수전, 소조여래좌상, 조사당 등

우리나라에서 가장 아름다운 절 가운데 하나로 손꼽히는 부석사는 태백산맥과 소백산맥의 경계인 영주의 태백산 자락에 있습니다. 멀리 소백산까지도 바라볼 수 있을 만큼 경치가 좋은 곳입니다. 영주는 사과로 유명한 곳이어서 부석사로 올라가는 길에는 곳곳에 사과 밭이 보입니다. 또 그 길목은 은행나무가 늘어서 있어 가을이면 장관을 이룹니다. 노란 은행잎 사이를 걷는 기분은 그야말로 환상적이지요.

부석사의 전각들은 일렬이나 평지에 배치되어 있는 것이 아니라 산의 지형에 맞게 배치되어 운치를 더해 줍니다. 절 뒤편에 산

부석사 신라 문무왕 때 의상 대사가 창건한 절로, 우리나라 화엄십찰 중 하나이다.

사태를 방지하기 위해 쌓은 석축은 얼마나 튼튼하게 쌓았던지 1300여 년이 지난 지금도 그 자리를 지키고 있습니다. 서로 맞는 돌을 골라 쌓은 흔적이 보이는데, 옛 사람들의 정성스런 솜씨를 엿볼 수가 있습니다.

조선 시대에 전국을 떠돌았던 풍류 시인 김삿갓은 "100년 동안 몇 번이나 이런 경치를 구경할까!"라고 찬사를 보내기도 했답니다. 그러니 꼭 한 번 가 보지 않을 수 없겠지요?

신라 문무왕 때 의상 대사가 창건한 부석사는 우리나라 화엄 십찰 중 하나입니다. 그리고 우리나라 화엄종의 시조라 할 수 있는 의상 대사가 세상을 마칠 때까지 머물던 곳이기도 합니다. 절 뒤에 있는 큰 바위가 아래 바위와 붙지 않고 떠 있다고 해서 '부석浮石'이라 새겨 놓았는데, 그래서 절 이름도 부석사가 되었답니다.

조사당 축대 위에는 눈여겨볼 만한 나무가 있습니다. '선비화'라 불리는 전설적인 나무지요. 무려 1300여 년 동안이나 비와 이슬을 맞지 않고 생명을 유지하고 있다고 합니다. 의상 대사가 짚고 다니던 지팡이에서 가지와 잎이 났다고 전해져 더 흥미롭습니다. 지금도 조사당에 가면 볼 수 있는데, 딱 지팡이 정도의 높이여서 정말 신기할 따름입니다.

부석사는 근세의 건축학자들이 우리나라에서 가장 완벽한 구조와 설계로 지어진 건축물로 손꼽히는 무량수전이 있으며, 국보인 소조여래좌상, 조사당 벽화, 석등과 보물로 지정된 3층 석탑, 당간 지주 등 수많은 불교 문화재를 간직하고 있습니다.

　　부석사 무량수전은 국보 18호로 소조여래좌상을 모시고 있는 법당입니다. 고려 현종 때 무량수전을 고쳐 지었다고 하는데, 고대 불전 형식과 구조를 연구하는 데 기준이 되는 건물입니다. 무량수전은 정면 다섯 칸, 옆면 세 칸 규모로 기둥 사이의 거리가 넓고 기둥 높이도 높아 당당하고 안정감 있게 보입니다. 배흘림기둥을 사용해 더 유명합니다. 배흘림기둥은 기둥 아래에서 3분의 1 지점을 가장 볼록하고 두껍게 하는 건축 양식으로, 안정감과 아름다움을 동시에 느끼게 합니다. 그리스, 로마 신전에서도 이러한 배흘림기둥이 사용되었는데, 이를 엔타시스 양식이라고 부릅니다. 맞배지붕을 사용하던 고려 시대의 궁궐이나 사찰의 정전 등에 대부분 배흘림기둥을 사용했다고 합니다.

　　부석사 소조여래좌상은 국보 45호로 무량수전에 중심으로 모

부석사 무량수전 소조여래좌상을 모시고 있는 법당이다. 기둥의 가운데 부분이 볼록한 배흘림기둥을 사용했다.

셔져 있는 소조 불상입니다. 소조 불상이란 나무로 골격을 만들어 그곳에 진흙을 붙여 가면서 만든 불상입니다. 이 불상은 고려 시대의 것으로 우리나라 소조 불상 가운데 가장 크고 오래된 작품이라 그 가치가 매우 크다고 합니다.

고려 우왕 때 지어진 부석사 조사당은 부석사를 창건한 의상 대사를 기리기 위해 지었답니다. 그래서 조사당 안에는 의상 대사의 초상화를 모시고 있지요. 앞면은 세 칸으로, 가운데 칸에는 출입문이 있고 양 옆에는 건물 안으로 빛이 비치도록 창을 만들어 놓았습니다. 원체 크기가 작은 건물이기 때문에 무량수전에 비하면 간결한 양식이지만, 국보 19호로 지정되어 있답니다.

부석사 소조여래좌상 나무로 골격을 만들어 그곳에 진흙을 붙여 가며 만든 불상이다. 우리나라 소조 불상 중 가장 크고 오래된 작품이다.

조사당 벽면에는 국보 46호로 지정된 여섯 점의 벽화가 있습니다. 조사당 벽화는 흙벽 바탕에 녹색을 칠하고 그 위에 보살상, 천왕상 등을 그려 화려하게 채색한 것입니다. 일제강점기 때 벽 자체를 뜯어내어 무량수전에 보관하다가 현재는 보장각에 보관하고 있습니다. 원래 벽화가 있던 조사당 벽에 그림을 본떠 그려 놓아 당시의 모습을 재현해 놓았습니다. 현재 남아 있는 우리나라의 사원 벽화 가운데 가장 오래된 작품입니다.

부석사 무량수전 앞 석등은 국보 17호로 무량수전 중심 앞쪽에 세워져 있습니다. 통일신라 시대의 작품인 석등은 윗부분이 조금 파손되었지만, 나머지는 그대로 남아 있습니다. 통일신라 시대를 대표하는 가장 아름다운 석등으로, 연꽃무늬 조각이나 세

무량수전 앞 석등

련된 모습의 보살상 조각이 돋보입니다.

부석사 고려 각판은 보물 735호로 정원본, 진본, 주본의 대방광불화엄경을 새긴 목판으로 13세기에서 14세기경에 제작되었습니다. 대방광불화엄경은 크고 넓은 뜻을 가진 부처님은 장엄한 꽃으로 장식한 것 같다는 의미를 가진 경전을 말합니다. 이 화엄경판은 우리나라 화엄종의 시조인 의상 대사가 화엄 사상을 발전시킨 부석사에 있기 때문에 큰 의미를 가집니다.

의상 대사와 선묘 낭자

신라의 대표적인 스님인 원효 대사와 의상 대사는 젊은 시절 당나라로 유학을 떠나게 되었습니다. 두 스님은 날이 어두워져 동굴에서 잠을 자게 되었는데, 원효 대사는 자다가 목이 말라 옆에 있던 물을 마시게 되었지요. 그런데 아침에 일어나 보니 그 물은 해골에 고여 있던 것이었지요. '진리는 가까운 곳에 있다' 라는 깨달음을 얻은 원효 대사는 다시 신라로 돌아가고, 의상 대사만 홀로 당나라로 향하게 되었습니다.

당나라에 도착한 의상 대사는 어느 집에 묵게 되었는데, 그 집에는 선묘라는 아름다운 아가씨가 살고 있었습니다. 선묘 낭자는 스님을 보살피다가 사랑하게 되어 버렸답니다. 하지만 여자를 멀리하고 공부에만 관심이 있었던 의상 대사는 멀리 장안으로 떠나 화엄경을 퍼트리고 있던 지엄 대사의 제자가 되어 열심히 공부했지요.

마침내 10년간의 유학을 마치고 의상 대사는 신라로 돌아가게 되었지요. 기다리던 선묘 낭자는 자기가 지은 법복을 의상 대사가 타고 있던 배에 던져 전했답니다. 그리고 의상 대사가 안전하게 신라로 돌아갈 수 있도록 도우려고 했어요. 그래서 용이 되어 의상 대사가 가는 길을 지키겠다는 마음으로 바다에 몸을 던졌어요. 의상 대사는 풍랑 속에서 용으로 환생한 선묘 낭자의 도움으로 무사히 신라로 돌아왔습니다.

그 후에도 의상 대사가 어려움에 처할 때마다 선묘룡이 나타나 도와주곤 했는데, 부석사도 선묘룡의 도움으로 지었다고 합니다. 부석사를 지으려던 그 자리는 당시 도적 떼들이 점령하고 있었지요. 이에 선묘 낭자가 커다란 바위가 되어 도적 떼를 위협해 모두 몰아내 절을 지을 수 있었답니다. 절 뒤에 있는 '부석'이라는 바위는 선묘 낭자가 바위가 되어 땅에 내려앉은 것이고, 부석사에는 선묘를 기리는 선묘당이 있답니다. 실제로 무량수전 아래에는 길이가 10미터가 넘는 석룡이 묻혀 있어 절의 수호신으로 받들어지고 있답니다. 그 석룡의 머리가 불상 아래에 묻혀 있고 절 마당 석등 아래에는 꼬리가 묻혀 있다고 합니다.

의상 대사(625~702)

화엄 십찰이란?

신라의 의상 대사가 당나라를 다녀온 후 화엄 사상을 널리 전파하기 위해서 전국 곳곳에 화엄 십찰을 세웠습니다. 그 가운데 영주 부석사에 무량수전을 세워 그 중심으로 삼았다고 합니다.

화엄 십찰로 알려진 곳은 기록에 따라 조금씩 차이가 나지만, 보통 태백산 부석사, 원주 비마라사, 가야산 해인사, 비슬산 옥천사, 금정산 범어사, 지리산 화엄사, 팔공산 미리사, 계룡산 갑사, 웅주 가야협 보원사, 삼각산 청담사 이렇게 10개의 사찰을 말합니다. 화엄 십찰에 대한 기록은 최치원이 쓴 《법장화상전》과 일연의 《삼국유사》에 나옵니다.

계룡산 갑사

비슬산 옥천사

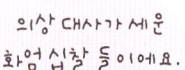

의상 대사가 세운 화엄 십찰 들이에요.

지리산 화엄사

소수서원

[초등 사회과 탐구 5-2]

주소 경상북도 영주시 순흥면 내죽리 151
주요 문화재 강학당, 대성지성문선왕전좌도, 숙수사지 당간 지주 등

　우리나라 최초의 서원은 어디일까요? 바로 소수서원입니다. 하지만 직접 가 보지 않고 외우기만 한다면 의미가 없지요. 소수서원은 처음으로 세운 서원인 만큼 다른 서원 양식에 모범이 되었답니다. 보통 서원들은 뒤에는 산이 있고, 앞에는 물이 흐르는 곳에 자리하고 있지요. 이러한 서원의 위치 양식은 소수서원에서 시작되었습니다. 서원 입구에는 죽계천이 흐르고, 주위로는 노송 숲이 어우러져 있습니다. 그 노송의 군락인 '학자수 군락'이 있는데, 300년에서 길게는 1000년이 된 적송 나무 수백 그루가 서원 주변을 뒤덮고 있습니다. 겨울을 이겨 내는 소나무처럼 인

소수서원 우리나라 최초의 서원으로, 조선 중종 때 주세붕이 우리나라 최초의 주자학자인 안향을 기리기 위해 세웠다.

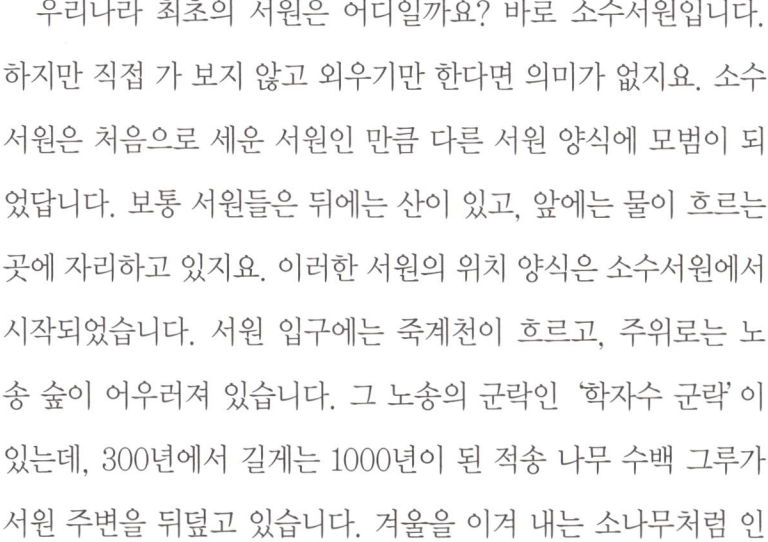

생의 어려움을 극복하는 참된 선비가 되라는 뜻에서 이 소나무들을 '학자수'라고 부른답니다.

서원으로 들어가기 전 오른쪽에는 큰 은행나무가 있고, '경렴정'이라는 오래된 정자가 있습니다. 서원과 함께 세워진 것으로 알려져 있는데, 우리나라에서 가장 오래된 정자 중 하나입니다. '경렴정'이란 이름은 북송의 학자 염계 주돈이를 존경한다는 뜻에서 호의 첫 글자인 '염濂' 자와 안향 선생을 높인다는 뜻에서 '경景' 자를 붙인 것이랍니다. 정자 옆의 은행나무는 500년 정도의 나이로 가을이 되면 노랗게 물들어 사진을 찍는 사람들이 몰려들 정도로 아름답다고 합니다.

경렴정에서 죽계천 쪽을 바라보면 '경敬'과 '백운동白雲洞'이라는 글자가 새겨진 바위가 보입니다. '경'은 선비들이 가져야 하는 흐트러짐이 없는 마음 자세를 말하지요. 이 글자는 주세붕의 글씨로 아픈 사연이 있다고 합니다. 세조 때 단종을 왕위에 올리

소수서원 강학당 학문을 가르치던 곳으로, '백운동'이라는 현판이 걸려 있다.

려 했던 단종 복위 사건이 있었는데, 그 사건의 실패로 이곳 사람들도 화를 당했답니다. 희생당한 사람들의 시신을 이곳 죽계천에 버렸는데, 그 후 밤마다 억울한 넋들의 울음소리가 들렸다고 합니다. 당시 풍기 군수 주세붕이 원혼을 달래기 위해 '경' 자에 붉은 칠을 하고, 위령제를 지낸 후로 울음소리가 그쳤다는 이야기가 전해집니다. 그리고 '경' 자 위에 씌어진 '백운동'이란 글씨는 퇴계 이황이 새긴 것이라고 합니다.

소수서원은 조선 중종 때 주세붕이 고려 말 유학자이자 우리나라 최초의 주자학자인 안향을 기리기 위해 사당을 세운 데서 출발했습니다. 1년 뒤 교육 기관을 세우면서 백운동 서원이라 했고, 그 후 풍기 군수로 온 이황의 건의에 따라 명종이 '소수서원'이라는 사액을 내렸습니다. 이것으로 소수서원은 최초의 사액 서원이 되었답니다. 소수서원 역시 대원군의 사원 철폐령에서 면제를 받은 47곳의 서원 가운데 하나입니다.

소수서원 경렴정 우리나라에서 가장 오래된 정자 중 하나로, 염계 주돈이를 존경하고 안향을 높인다는 뜻으로 이름이 붙여졌다.

안향 초상 소수서원에 보관되어 있다. 현재 우리나라에서 전해지는 초상화 중 가장 오래되었다.

　서원의 건물은 일반적인 서원 건축 양식이 정착하기 전이라 그런지 자유롭게 배치되어 있습니다. 명종의 친필로 된 '소수서원'이란 편액이 안쪽에 걸려 있는 강학당이 있고, 그 뒤로 유생들의 기숙사 역할을 했던 직방재(동재)와 일신재(서재)가 있습니다. 국보로 지정된 안향의 초상화와 공자를 비롯한 여러 학자들의 모습을 그린 대성지성문선왕전좌도가 영정각에 보관되어 있습니다.

　정문 밖으로는 이곳에 통일신라 시대의 절인 숙수사가 있었음을 알려 주는 숙수사지 당간 지주와 초석 등이 남아 있습니다. 서원 일부는 숙수사 터인 셈이지요. 숙수사는 통일신라 전기에 창건된 사찰로, 고려 시대까지 이어져 오다 소수서원의 건립으로 없어진 것으로 추정하고 있습니다. 어쩌면 조선 시대에 와서 유교를 숭배하고 불교를 억압하는 정책으로 절이 없어지고 그 자리에 유학을 가르치는 서원이 들어섰는지도 모르지요.

영천시

은해사

[중등 국사]

주소 경상북도 영천시 청통면 치일리 479
홈페이지 http://www.eunhae-sa.org
주요 문화재 보화루, 괘불탱, 백흥암 극락전 등

    팔공산 자락에는 많은 사찰이 있다고 했지요? 그중 영천에 자리한 사찰이 은해사입니다. 팔공산 정상에서 바라볼 때 은해사 주변에 안개가 끼고 구름이 피어날 때면 그 광경이 은빛 바다가 물결치는 듯하다고 해서 은해사라고 했답니다. 수많은 불, 보살, 나한 등이 모여 있어 마치 은빛 바다가 춤추는 극락정토(부처나 보살이 사는, 괴로움이 없고 지극히 안락하고 자유로운 세상) 같다 해서 붙여진 이름이기도 하지요.

    은해사 입구를 '금포정'이라 합니다. 절의 구역을 알리는 일주문부터 경내로 들어가는 보화루까지의 숲길을 말하는데, 조선

은해사 보화루 절 안으로 들어가는 문루이다.

은해사 대웅전 현판 글씨는 추사 김정희가 쓴 것이라고 전해진다.

숙종 때 만들어졌습니다. 소나무 숲으로 우거진 금포정에서는 살생을 하지 말라는 뜻에서 이름을 그렇게 붙였다고 합니다. 숲길을 걷다 보면 느티나무와 참나무가 서로 가지가 붙어 하나의 몸이 되어버린 연리지가 있어 사람들의 발길을 멈추게 합니다. 연리지는 나라의 경사나 효성, 부부애를 상징한다고 하지요. 그래서 붙어진 줄기 아래에서 소원을 빌기도 한답니다.

금포정을 지나 보화루를 통해 들어가면 은해사가 펼쳐집니다. 은해사의 전각들은 마치 팔공산에 폭 안겨 있는 듯한 느낌을 줍니다. 제법 큰 규모이지만 웅장한 느낌보다는 단순한 형식의 건물들에서 소박함이 묻어 나오지요.

은해사는 신라 헌덕왕 때 혜철 국사가 해안평에 세운 절로, 처음에는 해안사라고 했습니다. 조선 인종 때 불이 나 명종 때 지금의 자리로 옮기고, 인종의 태실(옛날 왕가에 출산이 있을 때 그 출생아의 태를 모시던 곳)을 모신 다음 은해사라는 이름으로 바뀌었습니다. 임진왜란의 피해는 비껴갔지만 헌종 때 크게 불이 나서 소실이 되기도 했습니다. 은해사는 인종의 태실을 수호하는 사찰이기도 해 여러 왕들의 보호를 받기도 했습니다. 또한 무엇보다 대웅전, 보화루, 백흥암 등의 현판 글씨는 조선 시대의 명필, 추사 김정희가 썼습니다. 이것으로 은해사가 김정희와 각별한 인연이 있었음을 짐작할 수 있지요.

은해사 거조암 영산전은 국보 14호로 은해사에 딸린 암자인 거조암에 있는 법당입니다. 간결하면서도 단순한 건물이지만 내부 공간이 시원하게 펼쳐져 있고, 조명과 환기가 잘 되도록 설계되어 있습니다. 건물의 조화와 안정을 위해 기둥 중간 부분을 볼록하게 한 배흘림기둥을 쓴 것이 눈에 띕니다. 단청을 하지 않아 나무 느낌이 그대로 살아 있습니다.

은해사 괘불탱은 조선 영조 때의 작품으로, 비단 위에 극락세계를 상징하는 부처, 봉황, 연꽃, 목단, 연못 등을 표현한 작품입니다. 녹색과 홍색을 위주로 색을 썼는데, 우아한 분위기에 선의 흐름도 매우 부드럽지요. 전체 높이가 11.56미터에 달하는 거대한 화폭에 혼자 서 있는 부처를 화려하면서도 기품 있게 그려 놓았습니다. 화폭 중앙부 양쪽에 배치된 붉은 꽃과 상단 좌우에 배치한 극락조, 천개 장식은 불佛 세계의 평화스러움을 표현한 것으로 지금까지 조사된 불화에서는 거의 찾아볼 수 없는 내용이라고 합니다.

은해사 백흥암 극락전은 극락세계를 상징하는 아미타삼존불을 모시고 있는 법당입니다. 백흥암은 신라 말에 지은 암자지만, 극락전은 인조 때 지은 것을 여러 번 수리했다고 합니다. 팔작지붕에 다포 양식의 건물이지요. 무엇보다 극락전 안의 수미단이 주목할 만하지요. 수미단은 아미타삼존불을 받치고 있는 불단으로, 보물 486호로 지정되어 있습니다. 5단으로 되어 있으며, 각 단도 5등분이 되어 있습니다. 각 단마다 수미산의 모습이 여러 가지 장식과 문양으로 촘촘하게 조각해 놓았습니다. 장식과 단

은해사 괘불탱

은해사 운부암 청동보살좌상

은해사 백흥암 극락전

청이 화려해서 조선 시대의 여러 불단 중 가장 으뜸으로 평가되고 있습니다. 하지만 아쉽게도 백흥암은 잘 개방하지 않는다고 합니다.

은해사 운부암 청동보살좌상은 조선 시대에 제작된 불상입니다. 커다란 보관을 쓰고, 앞으로 숙인 구부정한 자세가 특징입니다. 불꽃무늬·꽃무늬·극락조 등으로 장식한 화려한 보관은 다른 불상에서 찾기 힘들 정도여서 우수한 보살상으로 주목받고 있으며, 보물 514호로 지정되어 있습니다.

은해사 뒤편으로 거조암, 백흥암, 운부암 등 많은 암자들이 있습니다. 각각의 암자에도 뛰어난 문화재가 흩어져 있으니 암자들도 두루 살펴보세요.

영천 선원동 철불좌상

[초등 사회 4-2]
주소 경상북도 영천시 임고면 선원리 770 선정사

낮은 산기슭에 있는 조용한 시골 마을에 동네 집들과 크게 차이 나지 않는 작은 절이 하나 있는데, 그곳에 철불이 모셔져 있습니다. 이 철불은 해방 전에 농부가 밭을 갈다 발굴이 되어 세상의 빛을 보게 된 고려 시대의 불상입니다. 불국사나 은해사보다도 먼저 생겼다가 임진왜란 때 없어졌다는 꾕귀사라는 절에 있었다고 전해지는데, 절이 파묻히면서 철불도 함께 묻히게 된 모양입니다. 철불이 처음 세상에 나왔을 때 마을 사람들은 미륵불이 나온 것으로 알고 있었답니다. 그런데 어느 날 마을 사람들의 꿈에 철불이 자기는 미륵불이 아니라 석가이며 비를 피하게 해달라고 했답니다. 그래서 마을 사람들은 마을에 작은 초가를 짓고 철불을 모시고는 해마다 당산나무 아래서 고사를 지내왔던 것입니다. 그러다 절을 세워 모시게 되었고, 보물 513호로 지정되었지요.

철불좌상은 통일신라 후기부터 고려 시대에 걸쳐서 철로 불상을 만드는 것이 유행할 때 만들어진 불상입니다. 세상에 나오고도 오랫동안 주목을 받지 못해서 광배와 대좌를 잃어버렸을 뿐만 아니라 양손이 없어지고, 목 부분이 손상을 입는 등 여러 차례 수난을 겪었습니다. 그래서 현대에 이르러 보수를 했는데,

영천 선원동 철불좌상 철로 만든 불상이 유행했던 고려 시대에 만들어졌다. 결가부좌하고 앉아 있는 근엄한 인상의 불상이다.

도금을 너무 두껍게 하는 바람에 오히려 원형과 달라졌습니다.

영천 선원동 철불좌상은 상투 모양의 머리묶음이 있으며, 얼굴 모양은 둥근 편이고, 눈썹은 치켜 올라갔으며 눈초리는 옆으로 길게 찢어졌습니다. 꼭 다문 입술에서 근엄한 인상을 느낄 수 있습니다. 결가부좌하고 앉아 있는 모습이 전체적으로 당당하고 위엄 있는 모습입니다. 전체적인 표정과 분위기는 굳어 있지만 안정감 있는 신체 비례가 고려 시대 철불의 특징을 그대로 보여 주고 있습니다. 경상 지역에서는 철불을 거의 찾아 볼 수 없는 데다 일반적인 철불과 손 모양이 다르다는 점에서 관심을 받고 있습니다. 독특한 문화재인 만큼 보호 또한 각별히 신경 써야 할 철불이지요.

보경사

[중등 국사]
주소 경상북도 포항시 송라면 중산리 622
홈페이지 http://www.bogyungsa.org
주요 문화재 원진 국사 비, 부도, 서운암 동종 등

　포항에 있는 내연산은 빼어난 경치를 자랑하고 있는데, 보경사 계곡이 한몫하고 있지요. 보경사 계곡은 경북 삼경 중의 하나로 손꼽힐 만큼 울창한 소나무 숲과 기암괴석, 12개의 폭포가 어우러져 곳곳에 절경을 이루고 있습니다. 폭포 전시장이라 할 수 있을 만큼 멋진 폭포들을 잔뜩 볼 수 있지요. 내연산은 보경사를 창건할 때만 해도 당나라의 종남산과 산세가 닮아서 종남산이라 불렸지요. 신라 진성여왕이 견훤의 난을 피해 숨어든 이후로 내연산이라 부르게 되었습니다.

　보경사로 들어가는 일주문에서부터 울창한 소나무 숲이 맞이합니다. 숲 사이로 보이는 골짜기마다 계곡이 있고, 이따금 폭포도 볼 수 있지요. 보경사 돌담 옆에는 수로를 만들어 놓았는데, 계곡물을 돌려서 만든 것입니다.

　보경사는 비록 크지는 않지만 오랜 역사를 지닌 절입니다. 중국 진나라에 유학을 다녀온 지명 법사가 신라 진평왕에게 "동해안 명산에서 명당을 찾아 진나라의 도인에게 받은 팔면보경(8면의 진귀한 거울)을 묻고 그 위에 불당을 세우면, 왜구의 침입을 막고 이웃 나라의 침입도 받지 않으며 삼국을 통일할 수 있다"라고 했답니다. 그래서 진평왕은 내연산 아래에 있는 큰 못에 거울을 묻고, 금당을 세워 보경사라고 했다고 합니다. 이 창건 설화 외에도 고려 때 원진 국사가 고쳐 세운 기록이 있습니다. 또한 800년 넘은 고목도 있지요.

다른 사찰과 달리 건물이 일자로 배치되어 있는 보경사에는 원진 국사 비와 원진 국사의 사리를 모신 부도를 비롯한 많은 문화재가 있습니다.

원진 국사 비는 보물 252호로 고려의 승려이자 보경사의 주지였던 원진 국사의 탑비입니다. 거북 받침돌 위에 비석의 몸체를 세웠는데, 거북 등의 육각형 무늬마다 '왕王' 자가 새겨진 것이 흥미롭지요. 원진 국사의 생애와 공적을 단정한 해서체로 기록한 비문으로 문신이었던 이공로가 지었고, 글씨는 김효인이 썼습니다.

보경사 부도는 보경사 뒷산 중턱에 서 있는 묘탑으로, 원진 국사의 사리를 모셔 두고 있습니다. 3단의 기단으로 이루어진 팔각

보경사 신라 진평왕이 내연산에 있는 큰 못에 팔면보경을 묻고 절을 세워 보경사라 했다는 창건 설화가 전해진다.

받침돌은 아래에는 연꽃 조각, 중간에는 기둥 모양 조각, 위에는 연꽃무늬를 새겼습니다. 전체적으로 보존이 잘 되어 있는 부도입니다. 보물 430호로 지정되어 있습니다.

　보경사 서운암 동종은 조선 숙종 때 종 만들기 대가인 사인비구가 만든 것입니다. 보경사의 산내 암자로는 문수암·보현암·서운암·청련암이 있는데, 바로 서운암에 동종이 있습니다. 신라 종의 전통을 이어받아 독창적인 조선의 종을 만들었던 사인비구의 작품 중 서운암 동종이 가장 이른 것입니다.

# 오어사

[초등 사회 6-1]

주소 경상북도 포항시 남구 오천읍 항사리 34
주요 문화재 대웅전, 동종, 자장암, 원효암 등

오어사 신라 진평왕 때 자장 율사가 창건한 절이다. '신라 사성'으로 불리는 혜공, 원효, 의상, 자장 승려가 수행했던 곳이라는 기록이 있다.

우리나라의 절은 주로 산에 있다 보니 자연 경치와 어우러진 아름다운 곳이 많습니다. 포항 운제산 기슭에 있는 오어사도 우리나라에서 가장 아름다운 사찰 가운데 하나로 손꼽히는 곳입니다. 오어사는 오어지라는 호수가 절 주변을 두르고 있고, 절 뒤로는 구름이 머물고 있다는 운제산이 감싸고 있지요. 산 중턱에 용이 감싸고 있는 듯한 오어지에는 기암절벽이 있고, 이 오어지의 다리를 건너면 오어사가 나옵니다. 절벽 위에 있는 오어사의 암

자인 자장암에서 바라보는 경치는 그야말로 탄성을 자아내게 합니다. 작고 아담한 오어사는 아름다운 풍경 속에 스며들어 자연의 멋을 더해 주는 절이지요.

신라 진평왕 때 자장 율사가 창건해 처음에는 항사사라고 불렀습니다. '신라 사성四聖'으로 불리는 혜공, 원효, 의상, 자장 등의 승려가 이 절과 인연이 깊었다는 기록이 있지요. 절 북쪽에는 자장암과 혜공암이, 절 남쪽에는 원효암이 그리고 절 서쪽에는 의상암이 있어 이들이 이곳에서 수행했음을 알 수 있습니다. 지금은 자장암과 원효암만 남아 있답니다. 오어사 경내에는 대웅전을 중심으로 나한전, 설선당, 칠성각, 산령각 등의 건물이 있는데, 대웅전을 제외한 나머지 건물은 근래에 와서 지어진 것입니다. 아무래도 오어사가 규모가 큰 절이 아닌 데다가, 자장암이나 원효암 등 암자가 더 유명해서 그런지 옛 모습을 간직한 전각은 대웅전뿐입니다.

자장 율사(590~658)

오어사 대웅전은 조선 영조 때 고쳐 지은 것으로 국화와 모란을 새긴 꽃살창이 두드러집니다. 대웅전 안에는 원효 대사가 사용한 것으로 보이는 삿갓이 보관되어 있습니다.

오어사 동종은 고려 시대 동종으로 무게가 300근이나 되고, 보존 상태가 좋은 편입니다. 우리나라 범종의 특징 중 하나인 위로 좁아지는 원뿔형이며, 종에 새겨진 용의 모양이 세밀하고 사실적으로 표현된 우수한 작품입니다. 보물 1280호로 지정되어 있습니다.

오어사 이야기

옛날 원효 대사와 혜공 대사가 항사사에서 만년을 보내고 있었습니다. 혜공 대사는 원효 대사의 스승으로 법력이 높은 스님이었다고 합니다. 그래서 원효 대사는 불경이 잘 이해가 되지 않을 때에는 혜공 대사를 찾아가 묻기도 하고 서로 농담을 주고받았다고 합니다. 하루는 두 스님이 개울가에서 물고기를 잡아먹은 뒤 바위 위에 똥을 누었습니다. 혜공 대사가 그것을 가리키며 "그대의 똥은 내[吾] 고기[魚]다" 하고 농담을 했답니다. 이 일로 항사사를 오어사라 부르게 되었다고 《삼국유사》에 전해집니다.

오어사와 관련된 재미있는 설화가 또 있습니다. 오어사의 암자인 자장암과 원효암은 서로 반대편에 있어서 원효 대사와 자장 대사가 구름을 타고 건너다녔다고 합니다. 지금은 두 암자를 이어 주는 긴 다리가 놓여 있습니다.

신라의 사성이라고 불리는 공력이 높은 스님들이 머문 곳이다 보니 이런 신기한 일화들이 전해지는 것이겠지요?

고령 양전동 암각화

고령군

[초등 사회 6-1]
주소 경상북도 고령군 고령읍 장기리 813

바위에 그린 그림을 암각화라고 하는데, 아주 오랜 옛날 사람들에게는 넓은 바위가 그림판이었나 봅니다. 그 그림판에 자기들의 사는 모습이나 소원하는 것들을 담았지요. 이런 암각화를 통해 옛날 사람들의 생각이나 생활을 들여다볼 수 있습니다. 보물 605호로 지정된 고령 양전동 암각화도 그런 의미가 담긴 바위그림입니다.

고령 양전동 암각화는 대가야의 터전에서 발견되었다는 데 주목할 필요가 있습니다. 당시 이곳에 살던 사람들이 대가야의 주축이 되었을 가능성이 높기 때문입니다.

고령 양전동 암각화가 발견된 일대는 하천이 흐르고 깊은 물웅덩이가 있었던 곳으로, 제방을 쌓고 난 후 바위 앞에 세워진 담을 허물다가 발견된 것이라고 합니다. 비스듬하게 깎인 절벽에 암각화가 있는데, 다른

암각화에 비해 잘 보존되어 있었다고 합니다. 경북 지역에서는 처음으로 발견되었습니다.

고령 양전동 암각화는 선사 시대의 것으로, 높이 3미터, 너비 6미터에 이릅니다. 바위그림에는 동심원, 십자형, 가면 모양 등이 있습니다. 동심원은 보통 태양을 상징하며, 태양신을 표현한 것으로 보입니다. 십자형은 정확하지 않는 사각형 안에 그려져 있어 밭 전田자 모양을 하고 있는데, 오랜 세월이 흘러서 그런지 부분적으로 닳았습니다. 이것은 부족 사회의 생활권을 표현한 것으로 보고 있습니다. 바위면 곳곳에 사람 얼굴 모양을 한 그림이 눈에 띄는데, 머리카락과 수염 같은 털이 묘사되어 있고, 그 안에 이목구비를 파서 사람의 얼굴을 표현한 것이지요. 어떤 얼굴은 짐승의 모양으로 표현되어 있습니다. 그래서 가면 모양이라고 한답니다. 대부분의 암각화에서 볼 수 있듯이 고령 양전동 암각화에서도 태양신에게 농사가 잘 되게 해달라고 빌기 위해 새긴 것으로 보입니다.

고령 양전동 암각화에는 바위에 새겨진 그림을 찍어 내기 위해 탁본을 했던 자국이 남아 유난히 검게 변한 곳도 있습니다. 탁본도 중요하지만, 자국이 남거나 훼손되지 않도록 하는 것이 문화재를 지키는 예의겠지요?

군위 삼존석굴

[초등 사회 5-2]

주소 경상북도 군위군 부계면 남산리 산 15

　경주 토함산에 석굴암이 있다면, 군위에 있는 팔공산에는 '제2의 석굴암'이 있습니다. 이 석굴은 지상에서 20미터나 높은 곳에 있는데, 아마도 얕은 자연 동굴을 더 깊이 파내 확장한 것으로 보입니다. 경주의 석굴암처럼 인위적으로 만든 것과는 차이가 있습니다. 석굴 주위에는 모전석탑과 석조비로자나불좌상이 있어 신라 시대의 절터로 추정하고 있습니다.

　석굴 안에서 보는 세상은 동그란 구멍을 통해 비쳐지는 것이 전부랍니다. 여기 불상들은 그렇게 작은 세상을 내다보며 무슨 생각을 하고 있을까요?

　군위 삼존석굴은 팔공산 기슭에 꽁꽁 숨어 있느라 세상의 빛을 빨리 보지 못했습니다. 1962년에야 학자들에 의해 발견되어 국보 109호로 지정되었지요. 통일신라 시대 초기에 만들어진 석굴로, 경주 석굴암보다 100여 년이나 그 시기가 앞선 것입니다. 하지만 늦게 발견되어 제2의 석굴암이라는 별칭이 붙게 되었지요.

　군위 삼존석굴의 입구는 원형에 가깝고, 굴 안의 바닥은 대체로 정사각형으로 되어 있습니다. 천장은 가운데는 높고 주위는 낮아진 모양을 하고 있습니다. 안에는 삼존불을 모셨는데, 가운데는 사각형의 대좌 위에 결가부좌로 앉아 있고, 좌우에는 서 있습니다. 가운데 본존불은 민머리 위에 상투 모양의 큼직한 머리 묶음이 있으며, 얼굴은 몸에 비해 큰 편입니다. 보통 삼국 시대 불상에서 보이던 친근한 미소가 없어지고 당당하고 위엄 있는 모습을 하고 있지요. 머리 위에 있는 바위에 자연스럽게 광배 역할

을 하도록 그림을 새겨 놓은 것이 눈에 띕니다. 좌우 보살상 역시 이전의 불상과 달리 날씬한 몸매에 신체의 비례가 자연스럽지요. 이 삼존불은 서로 다른 시대적 양식이 뒤섞여 있는데, 당나라의 영향을 받아 실험적으로 만든 불상이기도 하지만 인도, 중앙아시아, 중국에 걸쳐 전개된 석굴 사원의 맥을 이어받고 있답니다.

경주 석굴암이 예술적인 아름다움을 가지고 있다면, 군위 삼존 석굴은 소박하고 경건한 아름다움을 지니고 있습니다. 또한 자연 암벽 속에 불상을 배치한 석굴 사원이라는 점이 특별합니다.

봉화 북지리 마애여래좌상

[중등 국사]
주소 경상북도 봉화군 물야면 북지리 657-1

아직까지 세상에 나오지 못한 문화재가 있을까요? 개발 현장이나 공사장 같은 곳에서 문화재가 종종 발견되는 것을 보면 세상에 자기 모습을 드러내지 못한 문화재가 많은가 봅니다. 우리나라는 온 국토가 역사 현장이기 때문에 언제 어디서 문화재가 발견될지 모르니 훼손되지 않게 항상 주의해야 해요. 봉화 북지리에 있는 마애여래좌상은 오랜 세월 흙 속에 파묻혀 있다가 70년대 말경에 발견되어 국보 201호로 지정되었습니다. 불상과 함께 있었던 감실 석벽은 오래전에 무너졌고, 지금은 보호각을 세워 보존하고 있습니다.

봉화 북지리 마애여래좌상 암벽을 파서 거대한 감실을 만들고 그 안에 높이 4.3미터의 거대한 여래좌상을 새겼다. 국보 201호로 지정되어 있다.

봉화 북지리 마애여래좌상은 봉화의 지림사라는 조그마한 절에 있습니다. 봉화의 유일한 국보 문화재이지만, 사람이 별로 찾지 않는 곳이라 휑한 느낌이 드는 곳이지요. 국보를 보호하고 있는 보호각도 작은 편이라 답답하게 보입니다.

그래도 불상만큼은 국보다운 모습을 하고 있습니다. 7세기 중·후반에 만들어진 것으로 추정되는데, 암벽을 파서 거대한 감실을 만들고 그 안에 높이 4.3미터의 거대한 여래좌상을 새긴 것입니다. 오랫동안 흙 속에 파묻혀 있었던 탓에 전체적으로 훼손이 심한 편입니다. 오른손과 오른 무릎이 부러졌는데, 그 부분은 보호각 한쪽에 따로 보관하고 있습니다.

불상의 얼굴은 통통하고, 오른손을 가슴에 들고 왼손은 무릎에 내리고 있는 모습입니다. 전체적으로 위엄이 넘치고 균형이 잡혀 안정적으로 보이며, 무엇보다 자비로운 미소가 느껴지지요. 불상 뒤편의 광배는 머리 광배와 몸 광배로 구분했으며, 곳곳에 작은 부처가 새겨져 있고, 머리 광배의 중심에는 정교한 연꽃무늬가 새겨져 있습니다. 감실 안에 본존불을 새긴 보기 드문 신라 시대의 마애여래좌상입니다.

특이하게도 동북향으로 앉아 멀리 태백산 쪽을 바라보고 있다는데, 왜 그쪽을 바라보고 있는 걸까요?

장육사

[초등 사회과 탐구 6-1]

주소 경상북도 영덕군 창수면 갈천리 120
홈페이지 http://www.jangyuksa.com
주요 문화재 대웅전, 건칠보살좌상 등

    구름이 깃들여 있다는 운서산 자락, 사람들의 손때가 묻지 않은 작은 계곡 가까이에 장육사가 자리하고 있습니다. 장육사는 규모는 작지만, 역사가 깊은 절이지요. 고려 공민왕 때 나옹 선사가 창건한 오래된 절입니다. 많은 사람들이 찾는 유명한 절이었지만, 불 앞에서는 당할 재간이 없었지요. 조선 세종 때 산불로 인해 불에 타고, 그 후 다시 절을 세웠으나 임진왜란 때 훼손되어 다시 절을 세웠다고 합니다. 그래서 지금은 찾는 사람이 별로 없는 산속 조용한 절이 되었답니다.

    장육사로 들어가는 길목에는 '반송(키가 작고 가지가 옆으로 퍼진 소나무) 쉼터'라는 곳이 있었다고 합니다. 그곳에 나옹 선사의 전설이 전해지고 있습니다. 나옹 선사가 출가하면서 지팡이를 바위에 꽂으면서 "지팡이가 살아 있으면 내가 살아 있는 것이고, 죽으면 내가 죽은 줄 알아라"라는 말을 남겼다고 합니다. 그 지팡이가 약 700년 동안 반송으로 자랐다고 해요. 하지만 그 반송은 죽어 없어졌다고 해서 볼 수 없고, 그저 전설 속에서만 떠돌고 있지요.

    계단으로 된 산길을 올라가면 절 문 역할을 하는 홍원루가 나

오고, 홍원루를 지나 다시 돌계단을 올라야 경내에 들어서게 됩니다. 경내에서 제일 먼저 보이는 곳은 대웅전입니다. 대웅전 옆으로는 관음전, 산령각이 있습니다. 대웅전의 동쪽으로 길이 나 있는데, 그 길을 따라 올라가면 대나무 숲 사이로 홍련암이 있습니다. 홍련암에는 스승과 제자 사이인 지공 화상, 나옹 선사, 무학 대사의 얼굴을 그린 그림이 있습니다. 장육사에는 전각이 많지 않으니 함께 둘러보는 것도 좋겠지요.

장육사 대웅전은 장육사의 중심 법당으로, 옆모습이 사람 인 자 모양인 맞배지붕에 주심포 양식이 사용된 조선 중기의 사찰입니다. 주심포란 지붕 처마를 받치려고 장식해 만든 공포가 기둥 위에 있는 건축 양식이지요. 이곳은 태조 때 태조와 그의 부인 신덕왕후 강씨를 기리기 위해 지방 관리들이 중심이 되어 만들었다

장육사 대웅전 장육사의 중심 법당이다. 맞배지붕이며 지붕 처마를 받치려고 장식해 만든 주심포 양식이 사용되었다.

장육사 건칠보살좌상

고 합니다. 내부에는 건칠보살좌상이 모셔져 있고, 예술적 가치가 뛰어난 영산회상도 후불탱화·지장탱화·칠성탱화와 신중탱화가 있습니다. 법당 천장에 그려진 주악비천상과 좌우 벽면의 문수보살 벽화·보현보살상 벽화는 화려하면서 아름답지요.

장육사 건칠보살좌상은 대웅전에 모셔져 있습니다. 건칠불이란 종이나 천으로 불상을 만든 다음 옻칠을 하고 다시 금물을 입힌 불상을 말합니다. 조선 초기의 불상으로 상체를 약간 숙여 아래를 향하고 있습니다. 목걸이 같은 장식이 어깨를 거쳐 무릎까지 흘러내리고 있는데, 이렇게 유난히 장식이 많은 것이 이 시기 불상의 특징이라고 합니다. 보물 993호로 지정되어 있습니다.

대웅전 신중탱화

대웅전 보현보살상 벽화

봉감 모전 5층 석탑

[초등 사회 4-2]
주소 경상북도 영양군 입암면 산해리 391-5

영양군

영양군의 길들은 대체로 강을 따라 나 있는데, 굽이도는 강가의 들판 한 가운데 탑이 하나 있습니다. 반변천이 휘돌아 가는 모퉁이 쪽에 세월을 이기며 봉감 모전 5층 석탑이 서 있지요. 모전석탑이란 돌을 벽돌 모양으로 깎아서 쌓아 올린 탑입니다. 말 없이 서 있는 봉감 모전 5층 석탑 위로 자라난 풀들이 아직 탑이 살아 있다고 말해 주는 것 같습니다. 뒤로는 산이 병풍처럼 펼쳐져 있어 한 폭의 풍경화가 따로 없답니다.

탑 꼭대기의 머리 장식 없이도 11미터나 되는 거대한 봉감 모전 5층 석탑은 위풍당당할 뿐만 아니라 세련되기까지 합니다. 언뜻 시골 마을과 어울리지 않는 듯싶지만, 시골 사람들에게는

자신들의 소망을 담아 의지하던 부처였는지도 모릅니다.

우리나라에는 모전석탑이 몇 기 남아 있지 않지만, 그래도 경북 지방은 다른 지방에 비해 많은 편입니다. 그중 187호로 지정된 봉감 모전 5층 석탑은 원형이 잘 보존된 문화재입니다. 밭 가운데 서 있는 이 탑을 '봉감탑'이라고 줄여서 부르기도 합니다. 석탑 주변의 논밭에 기와 조각과 청자 조각이 많이 흩어져 있어 예전에 절이 있던 곳으로 추정됩니다. 1층 기단에 5층의 탑을 쌓아 올렸는데, 1층 몸돌에는 여느 모전석탑처럼 감실을 두고, 그 안에 불상을 모셔 두었던 것으로 보입니다. 지금은 감실 안이 텅 비어 있는데, 오랜 세월을 방치하다 보니 누군가 불상을 가져가 버렸는지도 모릅니다. 몸돌마다 층층이 턱을 두고 띠를 이루고 있는 것이 특징입니다.

통일신라 시대의 작품으로 추정되는 봉감 모전 5층 석탑은 전체적인 짜임새가 있어 안정감이 있습니다. 또한 장엄하면서도 아름다운 작품으로, 분황사 석탑과 함께 신라 시대의 모전석탑 계열에 속합니다. 다만 분황사 석탑에는 감실 옆에 인왕상과 기단부 귀퉁이에 사자상이 있지만 이 탑에는 아무런 장식이 없지요.

영양군에는 탑이 참 많습니다. 봉감탑을 감상하고 가까이에 있는 현일동 3층 석탑 · 화천동 3층 석탑 · 용화동 3층 석탑 · 신구동 3층 석탑 · 삼지리 모전석탑 등도 함께 감상해 보세요.

용문사

[초등 사회과 탐구 5-2]

주소 경상북도 예천군 용문면 내지리 391
주요 문화재 대장전, 윤장대, 목불좌상 및 목각탱 등

경기도 양평에 용문사가 있는데, 예천에도 용문사가 있습니다. 소백산 기슭에 있는 예천 용문사는 '소백산 용문사'라고 쓰여 있는 일주문을 지나면 우거진 숲을 만나게 됩니다. 이끼 낀 다리를 지나 돌계단을 오르면 보통 절의 천왕문에 해당하는 회전문이 나옵니다. 회전문에는 사천왕상이 있는데, 우리나라에서 제일 크다고 합니다. 경내에 들어서면 2층 누각인 해운루와 자운루가 반겨 주지요. 절 뒤로는 아름드리 소나무가 병풍처럼 절을 감싸고 있습니다. 용문사는 1984년에 큰불이 나서, 많은 전각들이

용문사 대장전 팔만대장경의 일부를 보관하기 위해 지었다고 한다. 보물인 윤장대와 목불좌상 및 목각탱이 있다.

불타 버렸답니다. 그래서 보광명전도 그 후 다시 세웠고, 바로 앞에 있는 두 기의 5층 석탑도 새로 조성해 놓았습니다. 세월의 때가 묻지 않은 하얀 5층 석탑은 고찰에 썩 어울리지는 않습니다.

용문사는 신라 경문왕 때 이 고장 출신인 두운 선사가 창건했다고 합니다. 두운 선사가 이곳을 지날 때 바위 위에서 용이 맞이했다고 해서 용문사라 불렀다고 합니다. 절을 지을 때는 나무 둥지에서 은병을 캐 공사비를 마련했다고 합니다. 또한 고려를 세운 태조 왕건이 용문사에 머물면서 천하를 평정한 후 절을 크게 일으키겠다고 약속했는데, 그 약속을 지켰다는 일화도 전해집니다.

용문사에는 보물로 지정된 문화재가 많은데, 용문사 교지 등 대부분은 성보 박물관에 보관되어 있습니다. 특히 대장전은 용문사의 보물창고입니다. 윤장대와 목불좌상 및 목각탱이 있기 때문이지요.

용문사 대장전은 이 절에서 가장 옛 맛을 느낄 수 있는 전각입니다. 고려 명종 때 세워져 1984년 화재 때 유일하게 불에 타지 않아 가장 오래되었답니다. 대장전의 목불좌상·목각탱과 윤장대 그리고 물고기를 물고 있는 도깨비 조각 등의 공력으로 불기운을 막아 불에 타지 않았다고 하지요. 대장전은 팔만대장경의 일부를 보관하기 위해 지었다고 합니다. 건물 모서리 부분까지 세세하게 용머리, 연꽃 봉오리를 조각해 놓았고, 삼존불 뒤에 나무로 조각한

윤장대 장대 안에 불경을 넣고 손잡이를 돌리면서 극락정토를 기원하던 불교 공예품이다.

대장전 목불좌상 및 목각탱 대장전 안에 보관된 것으로 목각 후불탱화는 지금까지 알려진 것 중 가장 이른 시기의 작품이다.

벽은 대장전을 더욱 돋보이게 합니다. 보물 145호로 지정되어 있습니다.

   용문사 윤장대는 대장전과 잘 어울리는 공예품으로, 불단 양 옆에 하나씩 자리하고 있지요. 용문사의 것처럼 원형 그대로 보존되어 있는 윤장대는 세계적으로도 드물다고 합니다. 그래서 보물 684호로 지정되었답니다. 내부에 불경을 넣고 손잡이를 돌리면서 극락정토를 기원하는 의례에 사용되었던 도구입니다. 대장경과 같은 경전을 장대 안에 넣고 돌려 가며 읽는다고 해서 윤장대라고 부릅니다. 윤장대를 한 번 돌리면 경전 한 권을 읽는 공덕을 얻는다고 합니다. 지금은 훼손을 우려해서 고정시켜 놓고, 1년에 두 번, 음력 3월 3일과 9월 9일에 윤장대를 돌릴 수 있다고 합니다. 윤장대는 팔각 정자처럼 생겼는데, 여덟 개 면이 문 형태로

되어 있어 열고 닫을 수 있습니다. 윤장대에서 무엇보다 눈여겨 볼 것은 꽃살문입니다. 꽃무늬 등의 조각은 섬세하고 단청으로 되어 있어 아름답습니다.

대장전 목불좌상 및 목각탱은 숙종 때 작품으로 대장전 안에 있습니다. 대추나무로 만들어진 목각 후불탱화는 지금까지 알려진 것 중 가장 이른 시기의 작품입니다. 목각탱과 목불좌상은 한 작품으로, 쉽게 말해서 한 세트입니다. 삼존목불좌상은 크기가 작고 나무로 만들어져서 그런지 부드러운 느낌을 줍니다. 하단에는 만들어진 시기가 적혀 있는데, 그에 의하면 숙종 때의 작품입니다. 그래서 그 시기의 문화를 설명해 주는 중요한 자료가 되고 있습니다. 보물 989호로 지정되어 있습니다.

1년에 딱 두 번의 기회를 놓치지 마시라~.

나도 윤장대를 돌리고 싶어요!

개심사지 5층 석탑

[초등 사회 4-2]
주소 경상북도 예천군 예천읍 남본리 200

예천읍을 가로지르는 한천 가까이에 있는 논 가운데에 5층 석탑이 덩그러니 서 있습니다. 원래 그곳은 고려 시대에 세워진 개심사라는 절이 있던 곳인데, 지금은 절터의 흔적도 찾을 수 없고 5층 석탑만이 자리를 지키고 있지요. 개심사는 잠두산에 있던 사찰로, 잠두산이 불기운을 품고 있다고 해서 이를 막으려고 절을 세웠다고 합니다.

개심사지 5층 석탑은 고려 시대 석탑으로 알려져 있고, 2층 기단 위에 5층의 몸돌을 세웠습니다. 무엇보다 이 탑의 특별한 점은 돌에 다양한 조각이 새겨져 있다는 것입니다.

1층 기단에 머리는 짐승이고 몸은 사람인 12지신상(방향과 시간을 맡아 지키고 보호하는 12가지 동물의 상)을 조각해 놓았는데, 당시의 글자 배열 순서처럼 반시계 방향으로 해놓았습니다. 한 면에 세 개씩 새겨진 12지신

예천군 | 개심사지 5층 석탑 199

상은 모두 합장을 하고 있어서 숙연하게 느껴지기도 하고, 조금은 익살스럽게 보이기도 합니다. 2층 기단에는 팔부중상을 새겨 놓았습니다. 팔부중은 불법을 지키는 여덟 신으로 천天·용·야차·건달바·아수라·가루라·긴나라·마후라가를 일컫습니다. 기단 위에는 연꽃무늬 괴임돌을 깔아 몸돌을 받치고 있으며, 몸돌 1층에는 문고리 모양을 조각하고 그 좌우에 인왕상을 새겨 놓았습니다. 탑 모서리에는 풍경을 달았던 흔적인 양 구멍이 뚫려 있습니다.

　개심사지 5층 석탑은 세월의 무게만큼 조금씩 닳고 부서진 곳도 있지만 전체적으로 돌을 잘 다듬어 부드러운 인상을 줍니다. 또한 각 층마다 비례가 맞아 균형이 잘 잡힌 아름다운 탑입니다. 원래는 9층 탑으로 만들려고 했다는데, 무슨 이유에서인지 5층만 쌓고 말았답니다.

　2층 기단에 남겨진 기록을 통해 1010년(고려 현종 원년)에 세워진 탑임을 알 수 있습니다. 그리고 이 탑을 쌓기 위해 신도나 마을 사람 그리고 관인 등 만여 명이 참여했다고 하니, 이 탑에 들인 공이 얼마나 큰지 알 수 있겠지요? 그래서 절은 없어졌어도 탑은 천년의 세월을 지키고 있나 봅니다.

불영사

[초등 사회 5-2]

주소 경상북도 울진군 서면 하원리 122
주요 문화재 응진전, 대웅보전, 3층 석탑 등

신라 진덕여왕 때 의상 대사가 세운 불영사는 계곡의 첫 자락에 위치해 있습니다. 이 계곡은 불영사가 있어 불영사 계곡이라 불립니다. 이곳은 명승 제6호로 지정될 만큼 경치가 뛰어납니다. 깎아지른 듯한 절벽을 따라 푸른 물줄기가 흐르고, 계곡을 따라 갖가지 모양의 기암괴석들이 펼쳐지지요.

불영사의 일주문을 지나 20여 분을 걸어가면 붉은 소나무들 사이로 불영사 계곡을 넘는 다리가 나옵니다. 주변 경치가 뛰어난 데다가 절 앞으로 큰 연못이 있어 운치가 넘치지요. 연못에 부처

불영사 대웅보전 절의 중심 법당으로, 계단에는 불영사의 불기운을 막는다는 의미로 돌거북이 있다.

의 형상이 비친다고 해서 불영사라는 이름을 갖게 되었다고 합니다. 연못 불영지는 노란 어리연꽃과 하얀 연꽃이 어우러져 가히 환상적입니다. 낮은 담장이 마음을 편안하게 해주고 절의 뜰도 보기 좋게 잘 가꾸어져 있지요. 주변에는 배롱나무라고 하는 백일홍이 유난히 많아 그 아름다움을 더합니다. 그리고 비구니 스님들만 있는 절이라서 그런지 깔끔하고 조용한 곳이지요.

불영사가 있는 불영산은 산세가 인도의 천축산과 비슷하다고 해서 천축산으로 불리는 곳입니다. 조선 태조 때 불타 버려서 고쳐 세웠던 것이 다시 없어져 연산군 때 양성 법사가 고쳐 지었지요. 그런데 임진왜란 때 응진전을 제외한 모든 법당에 또다시 화를 입게 되었답니다. 광해군 때 진성 법사가 다시 일으켜 세우고, 여러 차례 고쳐서 지금에 이르고 있습니다. 이래저래 수난이 많았던 불영사에는 현재 응진전·대웅보전·조사전·명부전 등의 법당이 있고, 창건 당시의 유적인 무영탑과 돌거북 두 개가 있습니다.

불영사 응진전은 석가모니를 중심으로 좌우에 석가모니의 제자인 아난·가섭과 16나한상을 모시고 있는 법당입니다. 기록에 의하면 원래 영산전이었다고 합니다. 건물 천장은 우물천장으로, 단청이 잘 보존되어 조선 중기의 문양을 살필 수 있지요. 보물 730호로 지정되어 있습니다.

불영사 대웅보전은 절의 중심 법당으로, 내부에 있는 탱화에 영조 때 세웠다는 기록이 적혀 있습니다. 보물 1201호로 지정되어 있는 다포 양식의 건물인데, 처마를 받치는 공포의 조각 솜씨

가 뛰어난 것이 특징입니다. 더욱 주목할 만한 것은 응진전처럼 건물 안쪽 단청의 형태가 잘 남아 있고, 천장, 벽 등에 그려진 그림의 수준이 매우 높다는 점입니다. 대웅보전 계단에는 마치 대웅보전을 짊어지고 있는 것처럼 돌거북이 머리만 내밀고 있습니다. 이 돌거북은 불영사에 불기운이 강해 그것을 누르기 위해 설치를 했다고 합니다. 그럼에도 불구하고 불영사는 수차례 큰불이 났지요. 그나마 돌거북 때문에 지금까지 절이 이어져 온 것일지도 모르지요.

불영사에 있는 불연이라고 하는 두 채의 예쁜 가마도 구경해 보세요. 이것은 절에서 경전이나 불상을 모실 때 사용하는 불교 가마입니다. 불영사에서는 해마다 부처님 오신 날에 아기 부처를 불연에 모시고 경내를 도는 불교 의식을 하고 있지요. 불영사 불연은 바닥에 기록이 있는데, 1670년(조선 현종 11)에 제작되었다고 합니다. 이처럼 제작 연도가 나타나 있고 형태가 잘 보존되어 있어서, 불교 가마를 연구하는 데 귀중한 자료가 되고 있답니다.

불영사 이야기

절터를 찾던 의상 대사는 경주에서 해안선을 따라 북쪽으로 쭉 올라가다가 울진 부근에서 천축산과 비슷한 지형의 산을 발견하게 되었답니다. 그곳에 연못이 하나 있었는데, 다섯 부처님의 형상이 떠올라

가 보니 연못 속에 커다란 용이 살고 있었대요. 의상 대사는 아무래도 이곳에 절을 세워야겠다고 마음먹고, 용에게 절을 세울 테니 비켜 달라고 설득을 했습니다. 그런데도 용은 꿈쩍 않고 고집을 부리는 것이었습니다. 그래서 의상 대사는 주문을 외워 용을 쫓아 버렸지요. 그리고 연못을 메워 절을 세우고 절 이름을 불영사로 했다고 합니다.

또 불영사와 관련해서 재미있는 이야기가 하나 더 있어요! 백극재라는 사람이 울진 현감으로 부임한 지 3일 만에 갑자기 병을 얻어 세상을 떠나고 말았답니다. 남편이 갑작스럽게 죽어 너무 슬펐던 부인은 관을 불영사 법당 앞에 놓고, 지극 정성으로 기도를 했어요. 그랬더니 죽었던 남편이 다시 살아나는 믿기 어려운 일이 생긴 겁니다. 부인은 기뻐하면서 남편을 살려준 부처님의 은혜에 보답하려고, 《법화경》이라는 책 일곱 권을 금글자로 새겨 불영사에 바쳤다고 합니다.

썩 물럿거라!
휘이, 휘이!

의성 탑리 5층 석탑

[초등 사회과 탐구 4-2]
주소 경상북도 의성군 금성면 탑리리 1383-1

 탑이 있는 마을이란 뜻으로 탑리라고 불리는 이곳에는 까무잡잡한 자연석을 벽돌처럼 다듬어 세운 5층 석탑이 있습니다. 주변 지대보다 높게 흙으로 대를 쌓고 돌을 심어 토대를 단단하게 만든 다음 탑을 세워 놓았지요.

 의성 탑리 5층 석탑은 우리나라 석탑에 대해 이해할 수 있는 좋은 자료가 되고 있습니다. 우리나라 석탑은 목탑의 영향을 받은 백제 탑과 중국의 모전탑의 영향을 받은 신라 모전석탑으로 나눌 수 있습니다. 신라가 삼국을 통일하고부터는 스스로 확립한 모전석탑의 전통에 백제의 목탑 양식을 합쳐서 새로운 탑의 형태가 이어지게 되었습니다. 분황사 모전석탑, 의성 탑리 5층 석탑, 감은사지 3층 석탑, 고선사지 3층

석탑, 불국사 석가탑을 차례대로 살펴보면 신라의 탑이 어떻게 발전했는지 알 수 있답니다. 그런 의미에서 의성 탑리 5층 석탑은 신라 탑뿐만 아니라 우리나라 석탑의 역사에서 대단히 중요한 위치를 차지하고 있지요.

의성 탑리 5층 석탑은 신라 모전석탑과 목탑을 모방한 백제 탑의 특징을 모두 가지고 있습니다. 그래서 낮은 1층 기단 위에 5층의 몸돌을 세운 이 탑은 돌을 벽돌 모양으로 다듬어 쌓아 올린 전탑 양식에 목조 건축의 수법을 동시에 보여 주는 특이한 구조를 가지고 있는 것이지요. 목조 건축의 수법은 곳곳에서 찾아볼 수 있습니다. 목조 건축의 기둥 구조에서 볼 수 있는 주두(기둥 위를 장식하며 공포를 받치는 넓적하고 네모진 나무)가 조각되어 있고, 1층 감실 홈에 나무문을 만들었던 흔적이 있으며, 감실 앞쪽에 튀어나온 두 개의 돌은 문지방 역할을 한다는 것 등입니다. 석탑은 마치 지붕 다섯 개를 쌓아 올린 것처럼 보이기도 합니다. 그래서 이러한 독특한 특징으로 인해 분황사 석탑과 함께 통일신라 전기의 석탑 양식을 연구하는 데 귀중한 자료가 되고 있습니다. 분황사 모전석탑이 돌을 벽돌처럼 작게 다듬어 쌓은 것이라면 의성 탑리 5층 석탑은 큰 돌을 잘 다듬어 쌓은 것인데, 화려하지는 않지만 견고하고 원형 그대로 보존되어 있어 보기 좋습니다.

탑 주변의 너른 터를 보아 탑 뒤편에 큰 절이 있었던 것이라 추측할 수 있지요. 또한 탑리 마을에 들어서는 입구에 신라의 경덕왕릉 등 여러 개의 거대한 왕릉이 있는 것으로 보면 이 지역이 경주 못지않게 정치적·문화적으로 신라의 중심지 역할을 했던

감은사지 3층 석탑

고전사지 3층 석탑

것으로 볼 수 있지요. 탑 뒤편에 화산으로 생성된 금성산이 왕릉처럼 버티고 있어 이곳을 더욱 빛나게 해줍니다.

그러나 안타까운 점이 있습니다. 의성 탑리 5층 석탑은 국보 77호로 지정된 귀중한 우리 문화유산인데, 1926년 이른바 '석탑보존회'라는 곳에서 어리석은 흔적을 남기고 말았습니다. 일제강점기에 일본인과 우리나라 사람들이 이 탑을 손질하면서 자기들의 이름을 탑에 새겨 놓았답니다. 탑을 손질하는 것까지는 좋았지만 문화재에 대한 인식이 부족한 나머지 오히려 훼손하는 결과를 만들고 말았습니다. 다시는 이런 일이 없어야겠지요.

통일신라 시대의 석탑은 신라의 모전석탑과 백제의 목탑양식이 합쳐졌어요~.

고운사

[초등 사회 6-1]

주소 경상북도 의성군 단촌면 구계리 116
홈페이지 http://www.gounsa.net
주요 문화재 석조석가여래좌상, 3층 석탑, 가운루, 연수전 등

심심산골 천년이나 된 숲길을 걷는다면 어떤 기분이 들까요? 고운사로 가는 숲길은 여느 절에서 볼 수 있는 상가들이 없어서 더욱 고요하지요. 울창한 솔숲을 지나면 포장되지 않은 작은 오솔길이 나옵니다. 당연히 주위에는 계곡이 흐르고 있지요. 구름도 쉬어 간다는 등운산 자락에 있는 고운사는 소박한 절입니다. 깊은 산중에 있는 절이라 공부하는 스님이 많습니다. '고운사에 와서는 글 아는 체를 하지 마라'는 말이 있다고 합니다. 겸손해

가운루 등운산에서 흐르는 두 계곡이 하나로 합쳐지는 곳 위에 지어진 누각이다.

208

지라는 의미겠지요. 10여 년 전부터 절 주변을 정리하고, 소박하고 절제된 수행지로서의 역할을 다하고 있지요.

고운사는 신라 신문왕 때 의상 대사가 창건한 절입니다. 처음에는 고운사高雲寺라 했던 것을, 최치원이 여지, 여사라는 두 대사와 함께 가운루와 우화루를 지으면서 자신의 호를 따서 고운사孤雲寺라고 한자만 바꾸었다고 합니다. 고려 시대에 들어 태조 왕건의 스승이자 풍수지리 사상의 시조로 받들어지는 도선 국사가 고운사를 크게 일으켜 세웠습니다. 고려 시대 때는 신라 시대 때와는 달리 화엄종이 쇠퇴해 가까운 곳에 있는 부석사 등이 힘을 잃어 상대적으로 고운사가 번성했다고 합니다. 전각이 366칸에 이를 정도로 큰 절이었답니다. 임진왜란 때는 이곳에서 사명 대사가 승군의 식량을 비축하고 부상당한 승병을 치료하기도 했습니다.

고운사는 '해동제일지장도량'이라 불리는 지장보살 영험 성지로 알려져 있습니다. 그래서 옛날부터 죽어서 저승에 가면 염라대왕이 고운사에 다녀왔느냐고 물었다는 이야기가 전해집니다. 고운사에는 석조석가여래좌상·3층 석탑·가운루·연수전이 문화재로 지정되어 있으며, 그 밖에도 20동이 넘는 오래된 건물들이 남아 있습니다.

고운사 석조석가여래좌상은 불상을 모실 때 갖추는 대좌와 광배가 있고, 손상이 거의 없습니다. 전체적으로 통통해 보이는 불상으로 다소 형식적이고 부자연스런 모습을 하고 있습니다. 끝이 날카로운 배 모양을 하고 있어서 더욱 아름다운 광배가 눈에 띄

고운사 석조석가여래좌상

고운사 3층 석탑

지요. 보물 246호로 지정되어 있습니다.

가운루는 등운산에서 흐르는 두 계곡이 하나로 합쳐지는 곳 위에 지어진 누각입니다. 가운루 아래로는 지금도 계곡물이 흐르고 있습니다. 세 쌍의 가늘고 긴 기둥이 계곡 밑에서부터 누각 전체를 받쳐 주고 있지요. 고운사의 남쪽 절과 북쪽 절을 이어 주는 다리 역할을 합니다. 옛 기록에 '누각에 서면 개울과 계류가 흐르고 찬란한 산들과 구름에 둘러싸인 신선의 세계'라고 가운루를 칭송했다고 합니다. 여러분은 상상이 가나요?

우화루는 계곡과 극락전 마당을 잇는 건물입니다. 서까래의 끝부분에 성리학의 뿌리인 태극 문양이 그려져 있습니다. 마치 모든 종교에 열려 있다는 의미처럼 느껴집니다. 특히 우화루에는 흥미로운 것이 있는데, 단청으로 그려진 호랑이 그림이 신기하답니다. 이 그림은 사람이 움직이는 방향으로 호랑이의 눈동자가 따라온다고 합니다. 정말 그런지 직접 확인해 보세요.

고운사 3층 석탑은 나한전 앞에 있는 석탑입니다. 언제 조성되었는지 정확히 알 수 없지만 도선국사가 조성한 것으로 알려져 있습니다. 2층 기단 위에 몸돌을 올린 것으로, 소박하고 단순한 석탑입니다.

연수전 영조 때 왕실의 계보를 적은 어첩을 모시기 위해 지어진 건물이다.

연수전은 영조 때 왕실의 계보를 적은 어첩을 모시기 위해 세웠습니다. 고종 때 새롭게 지었는데, 임금의 장수를 기원하던 곳으로 우리나라 사찰에서는 볼 수 없는 건축 형태와 벽화를 볼 수 있습니다. 건물 구조는 '만세문'이란 현판이 걸린 솟을대문(행랑채의 지붕보다 높이 솟게 지은 대문)에 사방에 담을 쌓아서 마치 절이 아닌 보통 한옥에 와 있는 느낌이 들지요. 벽화나 목재들이 빛바랬지만 고찰 특유의 멋이 살아 있습니다.

에고~ 힘들다~
가운루에서
좀 쉬었다 갈까?

톡톡! 생각 주머니

고운 최치원은 어떤 분일까요?

최치원(857~?)

통일신라 말기의 학자이자 최고의 문장가로 불렸습니다. 당나라 유학 시절에 '황소의 난'이 일어났는데, 그것을 비난하는 〈격황소서〉라는 글을 지어 유명합니다. 그 글은 편지 형식의 격문으로, 당나라 말기에 반란을 일으킨 황소에게 항복하도록 설득하는 내용의 글입니다. 글이 논리 정연하며 세련된 표현이라 중국에서 최치원이 유명해지는 계기가 되었습니다. 황소는 이 글을 읽고 너무 놀라 자기도 모르게 침상에서 굴러 떨어졌다고 합니다.

최치원은 오랜 유학 생활을 마치고 큰 포부를 안고 신라로 귀국했습니다. 그러나 그가 바라던 신라의 모습이 아니었습니다. 골품제가 엄격해서 신분이 낮으면 높은 벼슬을 하지 못했고, 나라의 질서가 엉망이었지요. 결국 그는 관직을 버리고 각 지방을 떠돌아 다녔습니다. 그 후 가야산 해인사에서 여생을 마쳤다고도 하고 가야산으로 들어가 신선이 되어 사라졌다고도 합니다. 최치원은 당나라에서 유학을 공부했지만 그의 사상은 유교, 불교, 도교를 자유롭게 넘나들었습니다. 글씨 잘 쓰기로 유명하며, 《계원필경》을 비롯해 많은 저서를 남겼습니다.

운문사

[초등 사회 6-1]

주소 경상북도 청도군 운문면 신원리 1789
홈페이지 http://www.unmunsa.or.kr
주요 문화재 대웅보전, 금당 앞 석등, 동호, 원응 국사 비, 석조여래좌상 등

　깨끗하고 아름다운 절 운문사는 아담하면서도 운치가 있습니다. 절 입구의 소나무 길을 걸으면 오래된 소나무들의 그윽한 향이 한껏 느껴지지요. 다만 소나무마다 중간 부분이 도려내져 있는 것이 눈살을 찌푸리게 합니다. 일제강점기 때 송진을 채취했던 자국이라고 합니다. 일제의 만행이 이런 소나무에까지 미쳤다는 것이 씁쓸할 뿐입니다. 운문사에 다다르면 화단과 잘 어우러져 있는 돌담길이 보입니다. 대부분의 절은 일주문이 있고, 사천왕상이 있는 문을 지나야 경내로 들어서는 형태인데, 운문사는

운문사 신라 진흥왕 때 한 도승이 세운 오갑사 중 대작갑사에 태조 왕건이 '운문선사'라는 사액을 내리면서 운문사라는 절 이름을 가지게 되었다.

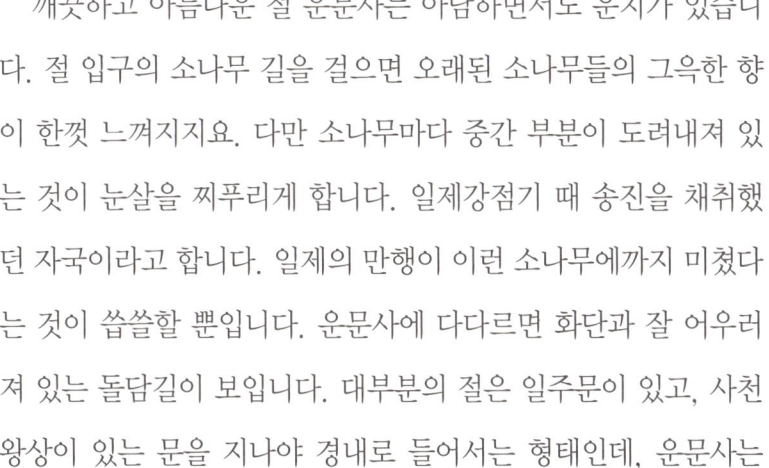

범종루를 지나면 바로 경내 마당이 나오지요. 고요하고 신비한 느낌의 절로, 경내는 깔끔하고 정리 정돈이 잘 되어 있어서 아담한 정원을 보는 듯합니다. 굴뚝 하나에도 마치 예술 작품인 양 돌과 기와 등으로 아름답게 꾸며 놓았습니다. 산과 봉우리들이 운문사를 감싸고 있는 모양이 연꽃 같다고 해서 운문사를 '연꽃의 화심'이라고도 부른답니다.

운문사는 위로 자라지 않고 옆으로만 자라는 처진 소나무가 유명합니다. 옛날 어느 대사가 나뭇가지를 꺾어서 심었는데 소나무가 되었다고 전해집니다. 가지가 밑으로 늘어져 소나무 동산을 만들었습니다. 나무 나이가 500년 정도 된다고 하니 그 웅장함이 세월 속에서 나왔나 봅니다.

사찰 뒤에 있는 극락교는 무슨 이유에서인지 출입이 금지되어 있답니다. 사람들의 말에 의하면 그곳을 건너면 극락으로 가기 때문에 막아 놓은 거라고 합니다. 운문사에서는 극락교뿐만 아니라 출입 금지 구역을 종종 만날 수 있습니다. 우리나라 최대의 비

운문사의 처진 소나무 가지가 사방으로 퍼져서 밑으로 처져 있다. 소나무 나이가 500년 정도이며, 천연기념물로 지정해 보호하고 있다.

구니 교육 기관이라서 참선하는 스님들에게 방해될까 봐 그런가 봅니다.

운문사는 청도 호거산에 있는 유서 깊은 고찰로, 신라 진흥왕 때 한 도승이 지금의 운문사에 오갑사(대작갑사·가슬갑사·천문갑사·대비갑사·소보갑사)를 창건했다고 합니다. 그 후 운문사는 진평왕 때 원광 법사, 신라 말에 보양 국사, 고려 때 원응 국사가 이어 고쳐 지었습니다. 창건 당시 운문사는 대작갑사였는데, 고려 태조 왕건이 '운문선사'라는 사액을 내리면서 운문사로 부르게 되었답니다. 운문사에는 많은 불교 문화재가 남아 있습니다.

운문사 동호

운문사 금당 앞 석등은 팔각 석등입니다. 통일신라 시대의 석등으로, 화사석(석등에 등불을 밝히도록 된 부분)에는 불빛이 퍼져 나오도록 네 개의 창을 갖추었습니다. 보물 193호로 지정되어 있습니다.

운문사 동호는 고려 시대에 만들어진 항아리입니다. 검은색을 띠고 있는 항아리의 용도는 알 수 없지만, 감로준이라는 이름이 있어 절에서 사용하던 불교 용기의 하나로 추정하고 있습니다. 몸체의 좌우에는 손잡이 역할을 하는 굵은 고리가 달려 있고, 불꽃 모양으로 된 뚜껑 손잡이 형태가 특이하지요. 보물 208호로 지정되어 있습니다.

운문사 원응 국사 비는 고려 승려 원응 국사의 행적을 기록한 탑비입니다. 받침돌과 머릿돌이 없어진 상태로 탑의 몸만 남아 있으며, 보물 316호로 지정되어 있습니다.

운문사 석조여래좌상은 고려 시대의 것으로 작압전에 모셔져 있습니다. 광배와 대좌를 모두 갖춘 완전한 형태의 불상이며, 보

물 317호로 지정되어 있습니다. 그러나 파손이 심해 보수했는데 그 과정에서 호분이 두껍게 칠해져 본래의 모습을 잘 알 수 없게 되었습니다. 조금은 안타깝지요?

운문사 사천왕 석주는 작압전 안에 모셔진 석조여래좌상의 좌우에 각각 두 기씩 모두 네 개의 사천왕상이 돌기둥처럼 세워져 있습니다. 모두 갑옷을 입고 무기를 들고 있으며, 머리 뒤쪽으로 둥근 광채를 띤 채 악귀를 발로 밟고 있는 근엄한 모습이지요. 통일신라 후기 또는 후삼국 시대인 900년경에 만들어진 작품으로 추정하고 있습니다. 보물 318호로 지정되어 있습니다.

운문사 3층 석탑 대웅보전 앞에 동·서로 서 있는 두 개의 탑이다.

운문사 3층 석탑은 대웅보전 앞에 동·서로 서 있는 쌍탑입니다. 보물 678호로 지정되어 있는 두 탑은 2단의 기단 위에 3층의 몸돌을 올린 모습으로 규모와 양식이 서로 같습니다. 9세기 정도에 세워진 것으로 보이며, 기단 부분을 일제강점기에 보수했는데, 팔부중상 등 일부를 새로운 돌로 보충한 것이 아쉽지요.

대웅보전은 조선 숙종 때 세운 것으로 추정되는 건물로, 보물 835로 지정되어 있습니다. 팔작지붕과 다포 양식의 건물이고, 건물 안쪽의 천장은 우물천장으로 꾸미고 오색으로 화려하게 채색해 놓았습니다. 현재 새로 지은 대웅보전이 있어서 운문사에는 대웅보전이 두 개랍니다.

대전사

청송군

[초등 사회 6-1]

주소 경상북도 청송군 부동면 상의리 200
주요 문화재 보광전, 3층 석탑, 명부전 등

청송에 위치한 주왕산은 가을 단풍이 아름답고, 주산지가 있어 유명한 곳입니다. 주왕산은 백악기 화산 활동으로 이루어진 화산암이 오랜 세월 풍화 작용을 거쳐 기암괴석과 폭포, 연못을 이루어 경북 제일의 절경지로 손꼽힙니다. 특히 최고봉인 기암은 두툼한 손가락 모양으로 되어 있어 특이하지요. 그리고 병풍바위·급수대·시루봉·학소대 등의 기암괴봉과 제1·2·3폭포가 한데 어우러져 산세가 웅장하고 아름답습니다.

대전사 신라 문무왕 때 창건한 절이다. 고려 태조 때 보조 국사 지눌이 주왕의 아들 대전도군의 명복을 빌기 위해 세웠다는 설도 있다.

보조 국사 지눌(1158~1210)

유명한 산에는 큰 절이 있기 마련이지만 주왕산 초입에는 대전사라는 작은 절이 있습니다. 일주문도 없고, 천왕문도 없이 '대전사' 라는 이름을 새긴 돌 안내판만이 사찰임을 알려 줍니다. 비록 사찰은 작지만 뒤로 주왕산을 업고 있어 아름답습니다. 주왕산의 최고봉인 기암이 훤히 보이는 곳에 자리한 대전사는 전각은 많지 않지만 연꽃을 심은 항아리들이 아기자기하게 절을 꾸미고 있습니다.

대전사는 신라 문무왕 때 의상 대사가 창건했다고 전해지는 절입니다. 고려 태조 때 보조 국사 지눌이 창건했다는 설도 있습니다. 대전사라는 이름도 보조 국사 지눌이 주왕의 아들 대전도군의 명복을 빌기 위해 세웠다는 데서 비롯되었다고 합니다. 보광전 앞뜰에 세운 두 개의 석탑에 새겨진 조각이나 주변에서 발굴된 불상과 유물의 연대로 봐서는 통일신라 시대로 추측되고 있습니다. 대전사는 최치원, 나옹 화상, 도선 국사, 보조 국사, 무학 대사 등 수많은 고승과 학자들이 머물며 수도하던 절입니다. 주왕산 기암들의 상서로운 기운이 모인 곳이 대전사라 여러 스님들이 이곳으로 모여들었다고 하지요. 조선 시대에는 사명 대사가 이곳에서 승군을 훈련시켰다고 알려져 있습니다.

원래 대전사는 매우 크고 역사가 오랜 절이었습니다. 그런데 여러 차례 화재를 만나면서 불타고 지금은 보광전과 명부전, 3층 석탑 등만 남아 있습니다. 여기저기 드러나 있는 주춧돌만이 예전의 규모를 짐작케 하고 있을 뿐입니다.

대전사가 이렇듯 초라한 사찰로 변한 데는 절 오른쪽 밭에 메

워진 우물에서 찾을 수 있답니다. 이 우물에는 전설이 있지요. 부처에게 올리는 물을 매일 냇가에서 떠 왔는데, 그것이 너무 귀찮았던 스님이 조선 중기 무렵 앞뜰에 우물을 파서 그 물을 길어서 부처께 올리는 물로 사용했답니다. 그러자 불이 나서 전각이 다 타고 말았다고 합니다. 그 이유를 알아보니, 이 절의 지세가 바다에 배가 떠 있는 형상인데, 우물을 팠으니 배에 구멍을 낸 것과 같다는 것이지요. 전해 오는 이야기이니 완전히 믿을 수는 없겠지만, 지금의 절을 보면 전설이 진짜일지도 모르겠네요. 대전사에는 주왕의 딸 이름을 딴 백련암과 주왕암, 두 개의 암자가 있습니다.

주왕산에 얽힌 전설

아름다운 주왕산에는 그 이름을 낳게 한 전설이 있습니다. 주왕산은 원래 산 모양이 병풍바위로 두른 것 같다고 해서 석병산이라 불렀답니다. 중국 당나라 때 주도라는 사람이 스스로 후주천왕(주왕)이라 칭하고, 779년에 당나라 수도인 장안으로 쳐들어갔습니다. 하지만 크게 패해 쫓기다가 마침내 숨어 들어온 곳이 지금의 주왕산이었습니다. 당나라에서 주왕을 무찔러 달라고 신라에 요청하자 신라에서는 마일성 장군 다섯 형제를 이곳으로 보내게 되었지요. 그러자 주왕은 기암을 마치 곡식더미로 위장해 군사가 많은 것처럼 보이게 했어요. 마장군

형제는 처음에는 주왕의 위장에 속았답니다. 하지만 이상하다고 생각한 마장군은 장군봉에 올라가 곡식더미를 향해 활을 쏘아 보았어요. 화살이 바위에 떨어져 나가자 가짜라는 것을 알고 주왕의 군사들을 무찔렀답니다. 주왕은 굴속으로 몸을 피해 며칠을 안전하게 보낼 수 있었지만 결국 밖으로 나오게 되었답니다. 그리고 굴 바로 앞 폭포에서 세수를 하려던 순간 마장군이 쏜 화살과 쇠몽둥이에 맞아 비참하게 죽고 말았답니다. 그 후 나옹 화상이 이곳에서 수도할 때 석병산을 주왕산으로 고쳐 부르게 되었습니다.

전설과 관련해 주왕산에는 주왕의 군사들이 무기를 숨겨 두었다는 무장굴, 신라 군사를 막기 위해 주왕암 입구에서 나한봉에 걸쳐 쌓았다는 지하성(주방산성), 주왕의 군사들이 훈련을 하고 그 안에서 주왕의 딸 백련 공주가 성불(부처가 되는 일)했다는 연화굴 등이 있습니다. 또 주왕굴은 주왕이 마장군을 피해 있으면서 죽기 전까지 살았던 곳입니다. 주왕이 흘린 피에서 수달래가 돋아났다고 하는데, 진달래보다 더 진하고 검붉은 반점이 있는 이 꽃은 주왕산의 자랑이랍니다.

매년 주왕산에서 수달래 축제를 한대요!

송림사

[초등 사회 6-1]
주소 경상북도 칠곡군 동명면 구덕리 91-6

소나무 숲에서 스스로 생겨났다는 전설을 가진 송림사는 아름다운 전탑과 돌담이 있는 소박한 절입니다. 여느 사찰처럼 일주문도 금강문도 없이 도로와 돌담의 경계만이 있지요. 돌담에 들어서면 바로 널찍한 터에 자리 잡은 사찰이 한눈에 보입니다.

사찰보다 사찰에 있는 문화재가 더 유명한 경우가 있는데, 송림사가 바로 그 경우라 할 수 있습니다. 송림사 5층 전탑이 너무 유명해서 그렇지요. 그러나 송림사도 유서가 깊은 절입니다. 신라 진흥왕 때 명관이 진나라에서 가져온 불사리를 모시기 위해 이 절을 창건했습니다. 그 뒤 고려 시대 때 대각 국사 의천이 고

송림사 대웅전 일반적인 대웅전의 양식에서 벗어난 건물로, 대웅전 현판은 숙종이 손수 쓴 글씨이다.

쳐 지었는데, 몽골군의 침입으로 폐허가 되었지요. 다시 세웠지만 임진왜란으로 법당들이 사라지고, 숙종 때 고쳐 세운 것이 지금에 이르게 되었지요. 외세의 침입으로 편할 날이 없었답니다.

송림사에 있는 전각은 대웅전, 명부전, 응진전 등이 있는데, 송림사의 명부전은 우리나라에서 가장 규모가 크답니다. 응진전 안에 있는 나한상들은 하나같이 손에 무엇인가를 들고 있는 모양이 아주 독특합니다. 또한 대웅전에서 100미터 정도 떨어진 곳에는 당간 지주 두 기가 있습니다. 당간 지주가 서 있는 곳은 현재 밭이지만, 송림사가 처음 세워졌을 당시 절 입구로 추측하고 있지요. 이것으로 송림사가 얼마나 컸을지 증명하고 있는 셈이지요.

송림사 대웅전에는 삼존불을 모시고 있는데, 향나무로 만들어진 규모가 큰 목불상입니다. 송림사의 전각들은 거의 모두가 맞배지붕으로 되어 있는데 대웅전도 마찬가지입니다. 칸과 기둥 사이의 너비를 무시하는 등 일반적인 대웅전 양식에서 벗어나 창의적이고 자유로움이 돋보이는 건물입니다. 문짝도 쓰임새에 따라 쌍여닫이·붙박이 등으로 만들어 놓았고, 문살도 빗살문·소슬빗살문·정자살문·꽃살문 등 다양한 멋이 느껴져 화려하면서도 품격이 느껴지도록 해놓았습니다. 대웅전 현판은 숙종이 손수 쓴 글씨지요. 대웅전 바깥 부분에는 절 이름답게 소나무를 그려 놓았습니다.

송림사 5층 전탑은 흙으로 구운 벽돌을 이용해 쌓아 올린 탑입니다. 통일신라 시대의 전탑으로 우리나라에 남아 있는 전탑 중 가장 온전하게 옛 모습을 유지하고 있는 귀중한 문화재입니

대웅전 삼존불상 중 본존불 높이가 3미터에 달하는 거대한 목조 불상이다.

송림사 5층 전탑 흙으로 구운 벽돌을 이용해 쌓은 탑이다. 신라 시대의 탑 중에서 유일하게 금동 상륜부가 남아 있다.

다. 신라 시대의 탑 가운데 유일하게 금동상륜부(탑의 꼭대기 부분을 금동으로 제작)가 남아 있지요. 또한 탑을 수리할 때 탑 안에서 상감청자 원형합과 은환·향목·목실·옥류·금동제 원륜·금은제 수형 장식구·녹색 유리제 사리병 등이 발견되었는데 모두 보물 325호로 지정되어 있습니다. 이 유물들은 현재 국립중앙박물관에 보관되어 있습니다.

송림사 이야기

송림사의 창건 설화라고 할 수 있는 재미있는 이야기가 있습니다.

어느 겨울, 마을 부잣집에 초상이 났는데, 장례식 전날 상주의 꿈에 노인이 나타나 '장례를 마치기 전에 누구에게도 물건이나 음식을 주지 말라'고 했답니다. 그렇지 않으면 집안에 복을 누릴 수 없다고 한 것입니다. 잠에서 깬 상주는 꿈에서 이르는 대로 했습니다. 장례식이 끝나기 전에 아무도 음식을 먹지 못하게 하고, 인부들에게 두 배로 품삯을 줄 테니 누구에게도 물건을 주지 말고 태우라고 신신당부하고 집으로 돌아갔습니다. 인부들은 배고프고 힘들었지만 상주의 말에 따라 지푸라기 하나도 남김없이 태우려고 했습니다. 그런데 그때 아무것도 걸치지 않은 거지 아이가 나타나 '오늘 밤 얼어 죽을지도 모르니 가마니 하나만 달라'고 애원했습니다. 측은한 마음에 인부들은 헌 가마니 하나를 주었습니다. 가마니를 뒤집어 쓴 아이는 소나무 숲으로 사라졌는데 그 숲에 펑 소리와 함께 웅장한 절이 생기고, 가마니는 대웅전에 걸려 있었다고 합니다. 그 뒤 상주 집안은 몰락하고, 오히려 거지 아이를 도와주었던 인부들의 집은 번창했답니다. 그래서 소나무 숲에서 생긴 절이라 해서 '송림사'라고 했다고 합니다.